自立活動の理念と実践

［改訂版］

実態把握から指導目標・内容の設定に至るプロセス

古川　勝也・一木　薫　編著

　わが国では少子化が進む中、特別支援学校で学ぶ子どもの数は増えています。また、通級による指導を利用する子どもの数も増加の一途を辿っており、今後は高等学校においても実施される方向です。このことは、**自立活動の指導が必要な子どもが増えている**ことを意味します。

　そこで、現在、特別支援学校はもとより、小・中学校等の通常学級の先生方も自立活動の指導の必要性を実感し、大きな関心を抱いておられます。先般の中央教育審議会特別支援教育部会においても、教員養成段階や現職研修で自立活動の指導に関する学びを保障していくことの重要性が確認されたところです。

　しかし、このように自立活動の指導への関心が高まる一方で、自立活動の指導の意義や考え方が正しく理解されているか、改めて捉え直してみると、そうは言い切れない現状にあるのではないでしょうか。

　自立活動の指導は、各教科のように指導する内容が予め用意されていません。また、特定の障害に対応した特定の指導内容が予め存在することを前提に、授業を構想するものでもありません。

　特別な教育的ニーズのある子どもたちの実態は多様ですが、自立活動の視点で子どもの実態を理解し、自立活動の指導の計画を立案する手続きは、障害の種類や程度にかかわらず共通です。

　本書は、「**自立活動の指導について理解したい**」「**子どもの実態に適した自立活動の指導を実践したい**」「**学校としての自立活動の指導の専門性を高めたい**」、そのような思いを抱く先生方にとって、次の一歩を見い出す糸口になればとの思いで作成しました。

　本書の構成は以下のとおりです。

　第1章「自立活動とは 〜理念及び実践上の課題〜」では、自立活動の指導の目的や創設に至る経緯、特別支援学校における自立活動の指導の現状と課題について述べています。また、各教科と異なる自立活動のカリキュラム構造や、実態把握から指導目標の設定に至る手続きについて説明しています。

　第2章「自立活動の授業づくり」では、自立活動の指導の考え方や授業づくりの手続きについて説明しています。

　第3章「事例で理解を深める個々の実態に応じた指導目標・内容の設定」で

は、その手続きを、事例に即して具体的に説明しています。視覚障害、聴覚障害、自閉症、知的障害、肢体不自由など、様々な障害のある子どもに対する実践をとりあげました。「自立活動の指導について知りたい」という方は、関心のある事例から参照ください。その後、他の事例もご覧いただき、授業づくりの手続きは障害種にかかわらず共通であることをご理解いただければ幸いです。また、「子どもの実態に則して指導目標・内容を設定する力を高めたい」という方は、各事例の「1．実態把握」に記載された情報をもとに、ご自身で「2．課題の抽出」～「6．指導内容の設定」の手続きに取り組んだ後、事例の「2．課題の抽出」以下を参照いただければと思います。

　第4章「自立活動の力量形成を図る『学びの場』」では、教師の成長を支える役割を担う、校内研修や教育センターの研修、教師の自主的な研修について紹介しています。自立活動の指導は、個々の子どもの実態に即して展開される創造的な教育実践です。一方で、指導を担当する教師に委ねられる裁量が大きいことから、教師の指導力により、授業の成果が左右されやすい指導と言えます。自らの実践に不安を抱きながら日々の指導に臨む教師の実態が指摘される中で、現職研修が果たす役割が重要であることは明らかです。教師の成長をどのように想定し、研修対象や研修内容・方法を工夫するとよいのか、取組の実際をとりあげました。各教育センターや各校における研修企画の参考になれば幸いです。

　自立活動の指導は、特別支援教育の要です。

　特別支援教育を担う教師には、指導の時間の有無にかかわらず、今後ますます**自立活動の視点で子どもを理解する**力が求められます。一人でも多くの先生が、自立活動の指導を正しく理解し、子どもたちの確かな学びが成立する授業を実現されることを切に願っています。本書が、その一助となれば幸いです。

2020 年 7 月

　　　　　　　　　　　　　　　　　　　　　　　　　　　　　　　編　者

目　次

第2章　自立活動の授業づくり

第3章　事例で理解を深める個々の実態に応じた　　　　　指導目標・内容の設定

第4章　自立活動の力量形成を図る「学びの場」

第1章

自立活動とは
～理念及び実践上の課題～

1 養護・訓練の創設と 自立活動に至る歴史的変遷

1 はじめに

　「『自立活動』の指導とはどのような指導か」と尋ねられたら、皆さんはどのように説明されるでしょうか。特別支援学校の学習指導要領には、「自立」について、子どもたちが「それぞれの障害の状態や発達の段階等に応じて、主体的に自己の力を可能な限り発揮し、よりよく生きていこうとすること」と記されています。

　本章では、子どもたちの自立に必要な力を育む指導の中核を担う自立活動の指導が、どのような背景をもって創設され現在に至っているのか、学習指導要領改訂の変遷に着目しながら述べていきます。

2 養護・訓練の創設の背景

　自立活動は、平成11年3月に告示された盲・聾・養護学校の学習指導要領で、それまでの「養護・訓練」を改める形で示されたものです。

　養護・訓練は、障害の状態を改善し、または克服するための特別な指導領域として、昭和46年の特殊教育諸学校の学習指導要領の改訂によって新設されました。では、養護・訓練はどのような背景により創設されるに至ったのでしょうか。

　養護・訓練が教育課程編成の一領域として位置づけられる以前は、例えば、盲学校では「歩行訓練」や「感覚訓練」が「体育」や「理科」の中で行われ、聾学校では、「聴能訓練」が「国語」や「律唱」、「言語指導」が「国語」の中で行われていました。また、肢体不自由養護学校においては「体育・機能訓練」を、病弱養護学校においては「養護・体育」を、教科として設定し指導を行うこととされていました。なお、知的障害養護学校においては、教科そのものが知的障害者の特性を踏まえていると判断されていました。

　このように、障害を改善・克服するための指導が、教育課程の中に含まれてはいましたが、教科の中に位置づけて行う方法では限界もありました。教科の授業

の中で行うため、部分的な指導を行うのが精一杯な状況となり、系統的・継続的な指導を行うための時間を確保すること、すなわち、独立した領域として設定する必要性が求められるようになりました。

　このような状況を背景に、昭和45年10月にまとめられた教育課程審議会答申では、「心身に障害を有する児童生徒の教育において、その障害からくる種々の困難を克服して、児童生徒の可能性を最大限に伸ばし、社会によりよく適応していくための資質を養うためには、特別の訓練等の指導が極めて重要である。これらの訓練等の指導は、ひとりひとりの児童生徒の障害の種類・程度や発達の状態等に応じて、学校の教育活動全体を通して配慮する必要があるが、さらになお、それぞれに必要とする内容を、個別的、計画的かつ継続的に指導すべきものであるから各教科、道徳および特別活動とは別に、これを『養護・訓練』とし、時間を特設して指導する必要がある。」と提言されました。そして、この答申を受けて、昭和46年3月に告示された特殊教育諸学校の学習指導要領に「養護・訓練」が創設されたのです。養護・訓練は、それまでの主障害を対象とした対処療法的なものではなく、児童生徒個々の心身の機能を総合的に改善することが必要であるとの認識から、その目標及び内容については、障害種別ではなく共通に示されました。

3 　養護・訓練の創設

　ここでは、昭和46年3月に示された養護・訓練の考え方や、その後の児童生徒の実態等を踏まえた学習指導要領改訂の変遷について述べます。

（1）養護・訓練の目標・内容等
① 教師主体の教育活動

　養護・訓練の目標は、「児童又は生徒の心身の障害の状態を改善し、又は克服するために必要な知識、技能、態度および習慣を養い、もって心身の調和的発達の基盤を培うこと」と示されました。当時の国際障害分類（ICIDH）では、障害を次の3つのレベルで捉えていました。「身体の器質的損傷や機能不全（impairment）」のレベル、それによりもたらされる「能力障害（disability）」のレベル、そして、「社会的不利（handicap）」のレベルです。養護・訓練の目標の「心身の障害の状態」は、医療の対象とする「身体の器質的損傷や機能不全

（impairment）」ではなく、「能力障害（disability）」を指すものとして捉えられました。

　また、目標の中の「…必要な知識、技能、態度及び習慣を養い」「心身の調和的発達の基盤を培う」の表現に、養護・訓練の目標は教育活動であることが明確に示されました。すなわち、養護・訓練は、環境の認知、身辺処理、コミュニケーション活動、移動・歩行、作業等における「能力障害（disability）」を改善し、または克服するために必要な知識、技能、態度、及び習慣を養うための教育活動であるとされました。医療ではなく、教育として、すなわち、教師主体の教育活動であることを示したのです。

② 心身の調和的発達の基盤をつちかう教育活動

　養護・訓練の内容は、主障害を対象とした対処療法的なものではなく、二次的障害を含め、心身の機能を総合的に改善することが必要であることなどから、心身の発達の諸側面を分類・整理するという観点を加えて検討が行われました。その結果、「心身の適応」「感覚機能の向上」「運動機能の向上」及び「意思の伝達」の４つの柱の基に 12 の項目でまとめられました（14-15 頁、図１参照）。すなわち、養護・訓練の内容は、心身の発達の諸側面と、各障害の状態を改善し、または克服するための固有の内容という２つの観点から構成されたのです。養護・訓練が、主障害に注目するだけにとどまらず、広く人間全体の発達の基礎づくりに従事していることを明確にしたのです。

　「調和的発達の基盤」の「調和的発達」とは、全人的な発達を意味するものです。障害のある児童生徒は、障害による何らかの学びにくさに直面します。それゆえ、一般の児童生徒と同じ教育内容（各教科等）のみを保障することで調和的発達を期待することはできません。したがって、養護・訓練は、人間として必要な行動が、障害に基づく種々の困難によって制限されている状態をできるだけ解消し、発達の可能性を最大限に発揮させることにより、豊かな個性を育て、積極的に社会に参加できる能力の基盤を培うことをねらいとしたものであると言えます。

（2）養護・訓練の改訂
① 障害種別から共通化へ（昭和 54 年）

　養護学校教育の義務制が実施された昭和 54 年 7 月、特殊教育諸学校の学習指導要領が告示されました。障害種別に示されていた従前の学習指導要領が、特殊教育諸学校共通のものとして示されたことにより、それまで学校種別に掲げられ

ていた教育目標も、特殊教育諸学校共通の目標に改められました。このことによって、特殊教育の目的と教育目標、養護・訓練の目標とが、学校種にかかわらず、共通なものとして整理され、それぞれの関係がより明確になりました。

　学習指導要領の共通化にともない、養護・訓練の「指導計画の作成と内容の取扱い」も、学校種共通の5項目で整理されました。従前の学校種別独自に障害を想定して記載されていた「指導計画の作成と内容の取扱い」が削除され、「個々の児童生徒の心身の障害の状態、発達段階及び経験の程度に応じて、それぞれに必要とする第2の内容を相互に関連づけて具体的な事項を選択し、個別にその指導の方法を適切に定めるものとする。」と示されました。障害種に寄らず、一人一人に応じた指導を重視する養護・訓練の領域としての特性と重要性がより明確になりました。

② 児童生徒の障害の多様化と個への対応（平成元年）

　特殊教育諸学校（小・中学部）在籍児童生徒に占める重複障害学級在籍率が40％に迫る状況となり、学校教育現場には障害の多様化への対応が一層求められるようになりました。平成元年の改訂では、養護・訓練の内容について、その示し方が抽象的であるとの指摘から、5つの柱18項目に改められました（図1参照）。

　「指導計画の作成と内容の取扱い」については、個々の児童生徒の心身の障害の状態や発達段階等に応じて、必要とされる具体的な指導事項を選定する際の観点が明確になるよう、新たな配慮事項が5項目示され、個に応じた指導の充実が、より一層明確にされました。例えば、「個々の児童生徒について、長期的な観点から指導目標を設定し、それを達成するために必要な指導事項を段階的に取り上げること」「発達の進んでいる側面をさらに促進させることによって、遅れている側面を補う」ことなどが示され、全体像としての個を捉えることの重要性と、個別に作成する指導計画の必要性を看取できます。

　また、この時の学習指導要領の改訂では、心身に障害のある幼児に対する早期教育の必要性を重視する立場から幼稚部教育要領が制定され、幼稚園の5領域に養護・訓練が加えられました。

4　養護・訓練から自立活動へ

　ここでは、養護・訓練から自立活動へ改訂された背景や、現行の学習指導要領（平成21年3月告示、平成27年3月小学部・中学部一部改正）に至る改訂の変遷について述べます。

昭和46年（養護・訓練）

心身の適応

1　健康状態の回復および改善
2　心身の障害や環境に基づく心理的不適応の改善
3　障害を克服する意欲の向上

感覚機能の向上

1　感覚機能の改善および向上
2　感覚の補助的手段の活用
3　認知能力の向上

運動機能の向上

1　肢体の基本動作の習得および改善
2　生活の基本動作の習得および改善
3　作業の基本動作の習得および改善

意思の伝達

1　言語の受容技能の習得および改善
2　言語の形成能力の向上
3　言語の表出技能の習得および改善

平成元年（養護・訓練）

身体の健康

1　生活のリズムや生活習慣の形成
2　疾病の状態の理解と生活管理
3　損傷の理解と養護

心理的適応

1　対人関係の形成
2　心身の障害や環境に基づく心理的不適応の改善
3　障害を克服する意欲の向上

環境の認知

1　感覚の活用
2　感覚の補助及び代行手段の活用
3　認知の枠組となる概念の形成

運動・動作

1　姿勢と運動・動作の基本の習得及び改善
2　姿勢保持と運動・動作の補助的手段の活用
3　日常生活の基本動作の習得及び改善
4　移動能力の向上
5　作業の巧緻性及び遂行能力の向上

意思の伝達

1　意思の相互伝達の基礎的能力の習得
2　言語の受容・表出能力の向上
3　言語の形成能力の向上
4　意思の相互伝達の補助的手段の活用

平成11年（自立活動）

健康の保持

1　生活のリズムや生活習慣の形成
2　病気の状態の理解と生活管理
3　損傷の状態の理解と養護
4　健康状態の維持・改善

心理的な安定

1　情緒の安定
2　対人関係の形成の基礎
3　状況の変化への適切な対応
4　障害に基づく種々の困難を改善・克服する意欲の向上

環境の把握

1　保有する感覚の活用
2　感覚の補助及び代行手段の活用
3　感覚を総合的に活用した周囲の状況の把握
4　認知や行動の手掛かりとなる概念の形成

身体の動き

1　姿勢と運動・動作の基本的技能
2　姿勢保持と運動・動作の補助的手段の活用
3　日常生活に必要な基本動作
4　身体の移動能力
5　作業の円滑な遂行

コミュニケーション

1　コミュニケーションの基礎的能力
2　言語の受容と表出
3　言語の形成と活用
4　コミュニケーション手段の選択と活用
5　状況に応じたコミュニケーション

図1　養護・訓練から自立活動への内容の変遷

14

平成 21 年（自立活動）

健康の保持

1　生活のリズムや生活習慣の形成
2　病気の状態の理解と生活管理
3　身体各部の状態の理解と養護
4　健康状態の維持・改善

心理的な安定

1　情緒の安定
2　状況の理解と変化への対応
3　障害による学習上又は生活上の困難を改善・克服する意欲の向上

人間関係の形成

1　他者とのかかわりの基礎
2　他者の意図や感情の理解
3　自己の理解と行動の調整
4　集団への参加の基礎

環境の把握

1　保有する感覚の活用
2　感覚や認知の特性への対応
3　感覚の補助及び代行手段の活用
4　感覚を総合的に活用した周囲の状況の把握
5　認知や行動の手掛かりとなる概念の形成

身体の動き

1　姿勢と運動・動作の基本的技能
2　姿勢保持と運動・動作の補助的手段の活用
3　日常生活に必要な基本動作
4　身体の移動能力
5　作業に必要な動作と円滑な遂行

コミュニケーション

1　コミュニケーションの基礎的能力
2　言語の受容と表出
3　言語の形成と活用
4　コミュニケーション手段の選択と活用
5　状況に応じたコミュニケーション

平成 29 年（自立活動）

健康の保持

1　生活のリズムや生活習慣の形成
2　病気の状態の理解と生活管理
3　身体各部の状態の理解と養護
4　障害の特性の理解と生活環境の調整
5　健康状態の維持・改善

心理的な安定

1　情緒の安定
2　状況の理解と変化への対応
3　障害による学習上又は生活上の困難を改善・克服する意欲

人間関係の形成

1　他者とのかかわりの基礎
2　他者の意図や感情の理解
3　自己の理解と行動の調整
4　集団への参加の基礎

環境の把握

1　保有する感覚の活用
2　感覚や認知の特性についての理解と対応
3　感覚の補助及び代行手段の活用
4　感覚を総合的に活用した周囲の状況についての把握と状況に応じた行動
5　認知や行動の手掛かりとなる概念の形成

身体の動き

1　姿勢と運動・動作の基本的技能
2　姿勢保持と運動・動作の補助的手段の活用
3　日常生活に必要な基本動作
4　身体の移動能力
5　作業に必要な動作と円滑な遂行

コミュニケーション

1　コミュニケーションの基礎的能力
2　言語の受容と表出
3　言語の形成と活用
4　コミュニケーション手段の選択と活用
5　状況に応じたコミュニケーション

（1）名称変更の背景

　先述の通り、養護・訓練は、障害の状態を改善し、又は克服するための特別の領域として、昭和 46 年度に設けられました。その後、「国際障害者年」「国連・障害者の十年」「アジア太平洋障害者の十年」など障害者に対する国際的な取組が進められる中で、障害者の「自立」の概念が、「自らの意思で主体的に、自分のもっている力や可能性を発揮して生きること」など、従来よりも広く捉えられるようになり、障害のある人々を取り巻く社会的環境も変化してきました。

　このような状況を踏まえ、平成 10 年 7 月の教育課程審議会答申では、「養護・訓練については、一人一人の幼児児童生徒の実態に対応した主体的な活動であり、自立を目指した活動であることを一層明確にするため、名称を『自立活動』と改め」、目標・内容についても見直すことが提言されました。養護・訓練については、本来、幼児児童生徒の主体的な取組を促す活動でありながら、「養護」も「訓練」も受け身的な意味合いが強いと受け止められることがあること、また、この領域が一人一人の幼児児童生徒の実態に対応した活動であることや自立を目指した主体的な活動であることなどを一層明確にする観点から、名称を「自立活動」と改めることになったのです。

（2）自立活動の目標・内容

　平成 11 年 3 月に告示された盲・聾・養護学校の学習指導要領では、従前の「養護・訓練」の名称を「自立活動」に改めるとともに、目標・内容についても見直しが行われました。養護・訓練と自立活動の目標を図 2 に示しました。

養護・訓練	自立活動
児童又は生徒の心身の障害の状態を改善し、又は克服するために必要な知識、技能、態度及び習慣を養い、もって心身の調和的発達の基盤を培う。	**個々**の児童又は生徒が**自立を目指し**、障害に基づく種々の困難を**主体的に改善・克服**するために必要な知識、技能、態度及び習慣を養い、もって心身の調和的発達の基盤を培う。

図2　養護・訓練の目標と自立活動の目標

　名称は変更されましたが、自立活動は、基本的には養護・訓練の理念を継承したものであることが看取できます。自立活動の目標については、個々の幼児児童生徒が自立を目指し、障害に基づく種々の困難を主体的に改善・克服する教育活動であることが一層明確になるよう、「児童又は生徒」を「**個々の児童又は生徒**」に、「心身の障害の状態を改善し、又は克服する」を「**自立を目指し**、障害に基づく種々

の困難を**主体的に改善・克服する**」と改められました。自立を目指す主体が一人一人の児童生徒であることを明確にしています。盲・聾・養護学校の幼児児童生徒の障害の重度・重複化、多様化が進む中、「個々の子どもにとっての自立とは何か」、指導を担う教師による問いと答えの追求の始まりです。

（3）特別支援教育への転換と自立活動

　初めての特別支援学校学習指導要領となる平成21年の学習指導要領の改訂では、新たに特別支援教育の対象となる子どもの実態も踏まえた見直しが行われました。目標は、学校教育法の改正を受け、「障害に基づく種々の困難」が「障害による学習上又は生活上の困難」と改められました。内容については、障害の重度・重複化や多様化に応じた指導を教師が具体的に構想し充実を図ることができるようにする観点から項目が見直され、「人間関係の形成」の区分が新設されました。

　そして現在、特別支援学級や通級による指導で自立活動の指導を担う教師が急増する中、自立活動の指導の考え方についての確かな理解を図ることが喫緊の課題となっています。特別支援学校学習指導要領解説自立活動編（平成30年）では、自立活動の指導における実態把握から指導目標を導き出すプロセスに関する記載が拡充され、本書が示す「課題」の整理の手続きも明記されました。

5　自立活動の意義と指導の基本

　これまで、養護・訓練の創設から自立活動に至る変遷をたどってきました。ここでは、改めて、自立活動の意義や指導の基本について確認します。

（1）自立活動の意義

　障害のある幼児児童生徒の場合は、その障害によって、日常生活や学習場面において様々なつまずきや困難が生じることから、小・中学校等の幼児児童生徒と同じように心身の発達の段階等を考慮して教育するだけでは十分とは言えません。そこで、個々の幼児児童生徒の障害による学習上又は生活上の困難を改善・克服するための指導が必要となります。そのために、特別支援学校においては、小・中学校等と同様の各教科等のほかに「自立活動」の領域を設定し、その指導を行うことによって、幼児児童生徒の人間として調和のとれた育成を目指しています。

　特別支援学校の目的については、学校教育法第72条に掲げられています。そ

の後段に示される「障害による学習上又は生活上の困難を克服し自立を図るために必要な知識技能を授ける」とは、個々の幼児児童生徒が自立を目指し、障害による学習上又は生活上の困難を主体的に改善・克服するために必要な知識、技能、態度及び習慣を養う指導であり、「自立活動」の指導を中心として行われるものであります。すなわち、自立活動は、特別支援学校の教育課程において特別に設けられた指導領域です。この自立活動は、授業時間を特設して行う自立活動の時間における指導を中心とし、各教科等の指導においても、自立活動の指導と密接な関連を図っていかなければなりません。このように、自立活動は、特別支援学校に在籍するすべての幼児児童生徒の教育において、教育課程上重要な位置を占めるものと言えます。

　また、小・中学校の特別支援学級や通級による指導においては、児童生徒等の障害の状態等を考慮したとき、小学校又は中学校の教育課程を適用することが必ずしも適当ではないことがあります。小学校学習指導要領（平成 29 年）には、特別支援学級において実施する特別の教育課程について、「障害による学習上又は生活上の困難を克服し自立を図るため、特別支援学校小学部・中学部学習指導要領第 7 章に示す自立活動を取り入れること」が明記されました。また、通級による指導についても、「自立活動の内容を参考とし、具体的な目標や内容を定め、指導を行うものとする」ことが明記されました。通級による指導は、高等学校でも展開されています。今後は小学校等においても、自立活動の指導の充実が一層求められることになります。

　さらに、幼稚園、小・中学校の通常の学級、高等学校の教育課程には、自立活動の時間はありません。通常の学級に在籍している障害のある幼児児童生徒は、特別な教育課程を編成することはできませんので自立活動の指導をすることはできません。しかし、今日障害のある幼児児童生徒がどこの学級にも在籍している状況です。各教科の指導を行うに当たって、障害のある幼児児童生徒の学習上又は生活上の困難に配慮することが求められます。その際、自立活動の指導を参考にして適切な指導や必要な支援を行うことが期待されます。

（２）自立活動の指導の基本

　まず、自立活動の指導は、個々の障害の状態や発達の段階等に即して指導を行うことが基本ですから、自立活動の指導に当たっては、実態を的確に把握し、個別に指導の目標や具体的な指導内容を定めた個別の指導計画を作成しなければな

りません。自立活動の指導計画は個別に作成されることが基本であり、最初から集団で指導することを前提とするものではない点に十分留意することが重要です。

　次に、自立活動の内容とその取扱いについてです。幼稚園教育要領や小学校等の学習指導要領に示されている各教科・領域の「内容」は、すべての児童生徒に対して確実に指導しなければならない内容です。これに対して、自立活動の「内容」は、個々の障害の状態や発達の程度等に応じて選定されるものです。すなわち自立活動の内容は、個々の幼児児童生徒に、そのすべてを指導すべきものとして示されているものではないことに十分留意する必要があります。

　また、学習指導要領等に示す自立活動の「内容」は、個々の幼児児童生徒に設定される具体的な「指導内容」の要素となるものです。したがって、具体的な指導内容は、個々の障害の状態や発達の程度等の的確な把握に基づき、自立を目指して設定される指導の目標を達成するために、学習指導要領等に示されている「内容」の中から必要な項目を選定し、それらを相互に関連づけて設定することが重要です。

（3）自立活動の授業時数

　自立活動の授業時数については、教科と異なり、標準時数が示されていません。各学校が自校の児童生徒の実態に応じた適切な指導を行うために必要な時数を判断することになります。このことは、自立活動の時間を確保しなくてもよいということではありません。個々の児童生徒の実態に応じて、適切な授業時数を確保する必要があるということです。

（4）「自立活動の指導」と「自立活動の時間における指導」

　「自立活動の指導」は、「自立活動の時間における指導」はもとより、各教科、道徳、特別活動、外国語活動及び総合的な学習の時間の指導を通じて適切に行われなければなりません。「自立活動の指導」と「自立活動の時間における指導」との関係は、個々の幼児児童生徒の実態に即して行う「自立活動の時間における指導」を基本として、学校の教育活動全体を通じて行う「自立活動の指導」が展開されるものと考えることができます。

　例えば、座位が不安定で、車椅子で書字がうまくできるようになりたい子どもの場合、「自立活動の時間における指導」として、座位保持ができるための姿勢

づくりや座位での粗大運動、手指の巧緻性を高める指導を行います。「自立活動の指導」としては、例えば、国語の授業中、姿勢が崩れないように足の裏を安定させたり、文字を大きく書くような教材を工夫したりするなどの配慮をします。また、書字の際、適宜、教師が手を添えて一緒に書写するなどの手だてを講じます。なお、国語の授業は、国語としての指導目標に迫る時間ですので、自立活動としての指導目標を設定して指導することはありません。「自立活動の時間における指導」の指導目標や学習状況を踏まえた配慮や手だてを行うことが大切です。

　このように、学校の教育活動全体を通じて行う「自立活動の指導」は、「自立活動の時間における指導」と密接な関連を保つことが重要です。その重要性は、総則の一般方針にも「特に、自立活動の時間における指導は、各教科、道徳、特別活動及び総合的な学習の時間と密接な関連を保ち」とあり、強調されています。

　しかし、「自立活動の時間における指導」の計画が明確にならなければ、「自立活動の指導」の計画を具体化することが極めて困難であると考えられます。したがって、「自立活動の指導」の計画は、「自立活動の時間における指導」を中核にして作成される必要があります。

（５）個別の指導計画

　自立活動の指導は、一人一人の障害の状態等に応じて行うものです。幼児児童生徒の障害の状態等は一人一人異なっています。また、指導に当たっては、子どもの経験や興味・関心などを考慮する必要があります。したがって、自立活動の指導を行う際には、一人一人の障害の状態や発達段階等を的確に把握し、適切な指導目標や指導内容を設定する必要があります。そのために、平成 11 年より個別の指導計画が義務づけられています。

　個別の指導計画には、幼児児童生徒の障害の状態や発達段階等の的確な把握に基づき設定した指導目標や、指導目標を達成するために必要な項目を選定し、それらを相互に関連づけて設定した具体的な指導内容、学習評価を明記します。

　より効果的な指導とするためには、「自立活動の時間における指導」と「自立活動の指導」の関連についても整理して明記することが大切です。

（６）知的障害者を教育する特別支援学校における自立活動

　知的障害者を教育する特別支援学校に在学する児童生徒には、知的発達のレベルからみて、言語、運動、情緒・行動などの面で、顕著な遅れや特に配慮を必要

とする様々な状態が知的障害に随伴してみられます。このような児童生徒には、知的発達の遅れに応じた各教科等の指導の他に、前述のような随伴してみられる顕著な発達の遅れや特に配慮を必要とする様々な状態についての特別な指導が必要であり、これを自立活動で指導することとなります。

表1　知的障害特別支援学校における自立活動の実践例

---

① 手指の細かな動きが苦手な生徒

　【実態】　手指の細かな動きが苦手で、鉛筆の操作が難しい。筆圧も弱い。これまでのできなかった経験から自信をなくし、上手くいかないと途中であきらめ怒り出してしまう。

　【実践】　本生徒が自信をもって、書字を行うことができるように、以下の指導を行った。

　　○時間における指導：本生徒が操作できる程度の大きさの棒や細かいチップを、少し小さめの穴に押しながら入れたり、持ちやすい大きさの鉛筆を使って細かい円を塗りつぶしたりする活動を行った。

　　○教育活動全般における指導：国語の時間には、自立活動の時間と同じ鉛筆を使い、「つ」や「よ」など、自立活動で行った動きを活かして文字を書く学習を行った。また、給食の時間には、指先の力を高めることができるよう、クラスの人数分の牛乳をかごに入れ、両手で持って運ぶようにした。

② 場にそぐわない不適切な発言をする生徒

　【実態】　自分の興味のあるものを他の生徒がしようしていると、何も言わずに笑顔で取り上げ、他の生徒が嫌がると不適切な発言をしてしまう。

　【実践】　本生徒が、他の生徒が適切な関わり方を友達と行い、友好な関係を築くことができるように以下の指導を行った。

　　○時間における指導：本生徒が、教師が持っているもの（本生徒が興味のあるものを事前に把握し活用する）を取り上げようとした際に、教師が「貸して」とモデルを示し、本生徒が「貸して」と言ってから渡すようにした。

　　○教育活動全般における指導：各教科や教科等をあわせた指導の時間、休み時間等に、本生徒が何も言わずに他の生徒のものを取り上げようとした際は、自立活動の時間に行った適切な関わり方を思い出すような働きかけを教師が行った。

　知的障害者を教育する特別支援学校の場合には、各教科、道徳、特別活動及び自立活動の全部又は一部について、合わせて授業を行うことができることとなっていますが、この場合においても、児童生徒一人一人の自立活動の個別の指導計

画を作成し、指導の目標や内容を明記する必要があります。

　また、個々の児童生徒の障害の状態等を十分考慮し、必要に応じて自立活動の時間を設けて指導を行います。その際、児童生徒一人一人の個別の指導計画に基づいて、個別あるいは小集団で指導を行うなど、効果的な指導を進めるようにすることが大切です。

6　おわりに

　自立活動の指導は、障害のある幼児児童生徒の全人的な発達の基盤づくりとして、すべての幼児児童生徒に必要な領域であることを認識し、指導の充実を図っていく必要があります。

　自立活動の指導については、学習指導要領に目標の系統性や扱う内容の順序性が明示されず、教科書もありません。「これが唯一無二の正解」という指導もありません。そのため、「なぜ、今、この目標で指導するのか」、その判断と説明は、自立活動の指導を担う教師に求められます。各教師が指導の根拠について自信もって説明できるようになるためには、的確な実態把握に基づき指導の方向性を検討し、指導目標及び具体的な指導内容を設定する手続きに、自立活動の指導における専門性を有する教師を中心としながら学校として組織的に取り組むことが求められます。

■引用・参考文献
・古川勝也（2000）自立活動における個別の指導計画．肢体不自由教育，147，19-25.
・古川勝也（2001）自立活動への歩み－養護・訓練の変遷に着目する－．自立活動における個別の指導計画の理念と実践，川島書店，21-34.
・古川勝也（2002）教育課程の基準と自立活動．自立活動指導ハンドブック，全国心身障害児福祉財団，13-26.
・香川邦夫・藤田和弘編（2000）自立活動の指導，教育出版．
・文部省（2000）盲学校、聾学校及び養護学校学習指導要領解説自立活動編．
・文部科学省（2009）特別支援学校学習指導要領解説自立活動編．
・文部科学省（2017）小学校学習指導要領．
・文部科学省（2018）特別支援学校学習指導要領解説自立活動編．
・全国特別支援学校肢体不自由教育校長会編著（2011）新しい自立活動の実践ハンドブック，全国心身障害児福祉財団．

2 「自立活動の指導」の現状と課題

1 はじめに

　表 1 は、国内の義務教育段階における特別支援教育の対象となる児童生徒数について、特別支援教育制度となった平成 19 年度以降の状況を示したものです。平成 29 年度の義務教育段階における全児童生徒総数は、約 989 万人となっています。義務教育段階の全児童生徒数が毎年概ね 10 万人ずつ減少するなかで、特別支援学校、小学校・中学校の特別支援学級、通級による指導を受けている児童生徒数（H26 年度：約 34 万人、H27 年度：約 36 万 2 千人、H28 年度：約 38 万7 千人、H29 年度：約 41 万 7 千人）は、ここ数年約 2 万人から 3 万人ほど増えている状況にあります。

　今後、特別支援学校・特別支援学級のみならず、全ての学校・学級において発達障害を含めた障害のある幼児児童生徒が在籍することを前提とした学校経営・学級経営が求められています。

表1　特別支援教育の対象児童生徒数の状況
（義務教育段階）

各年度 5 月 1 日現在

年度	19	26	27	28	29
義務教育段階の全児童生徒総数	10,815,272 人	10,193,001 人	10,098,611 人	9,980,769 人	9,874,138 人
特別支援学校在籍者	58,285	68,661	69,933	70,939	71,802
重複学級在籍者数	24,785	25,896	25,998	25,920	25,802
特別支援学級在籍者	113,377	187,100	201,493	217,839	235,487
22条の3該当者数		17,293	18,290	17,646	18,486
通常の学級在籍者（22条の3該当者数）	10,643,533	9,937,192 (2,265)	9,827,185 (2,097)	9,691,991 (2,390)	9,566,849 (2,114)
通級により指導を受けている者	45,236	83,750	90,270	98,311	108,946
就学猶予・免除を受けている者(病弱・発育不全が理由)	77	48	40	37	39

文部科学省初等中等教育局特別支援教育課「特別支援教育資料」より

➢ 発達障害（LD・ADHD・高機能自閉症等）の可能性のある児童生徒：6.5%程度※の在籍率。
　※この数値は、平成24年に文部科学省が行った調査において、学級担任を含む複数の教員により判断された回答に基づくものであり、医師の診断によるものでない。
➢ 特別支援学校在籍者及び特別支援学級在籍者の数は、国・公・私立の合計。通級による指導を受けている者の数は、公立のみ。
➢ 総数は、国・公・私立及び就学猶予・免除者の合計。

2　多様な学びの場における特別支援教育の現状

（1）　特別支援学校の現状

　特別支援学校在籍者数（H29 年度：71,802 人）は、ここ 10 年間は増加傾向にあり、ますます特別支援学校の必要性は高くなっていると言えます。また、特別支援学校在籍者数のうち重複学級在籍者数（H29 年度：25,802 人）は、年々増加しており、ここ数年は横ばいの状態ですが、引き続き、重度・重複化への対応が課題となっています。

（2）　特別支援学級の現状

　特別支援学級在籍者数（H29 年度：235,487 人）は、年々増加しています。特に、知的障害者、自閉症・情緒障害者である児童生徒数が多く、年々増加しています。また、特別支援学級在籍者のうち、学校教育法施行令第 22 条の 3 に該当している者の数（H29 年度：18,486 人）は、同令を改正した平成 25 年度に比べて平成 29 年度では 2,370 人ほど増加し、特別支援学校に在籍しているような実態の児童生徒が地域の小・中学校で学んでいる状況がうかがえます。

（3）　通常の学級及び通級による指導の現状

　通常の学級への在籍者数（H29 年度：約 956 万人）は、平成 26 年度になって初めて 1,000 万人を切りました。そのうち、通級による指導を受けている者の数（H29 年度：108,946 人）は、平成 19 年度に比べて平成 29 年度には 2.4 倍となり、その数は初めて 10 万人を超えました。特に、自閉症や情緒障害、学習障害（LD）の児童生徒数が増加しています。

　また、平成 24 年に公表した「通常の学級に在籍する発達障害の可能性のある特別な教育的支援を必要とする児童生徒に関する調査」によれば、「学習面又は行動面で著しい困難を示す」とされた児童生徒の割合が 6.5％であったことや、6.5％以外にも「困難があり、教育的支援を必要としている児童生徒がいる可能性がある」という結果も得られたことから、通常の学級においても特別支援教育の理念を念頭において、今後の指導や支援の在り方などを考えていく必要があります。

（4）特別支援学校及び小・中学校における医療的ケアの現状

　図1は、医療的ケアに関する調査結果です。特別支援学校における医療的ケアの対象者数については、年々増加傾向です。平成29年度は8,218名となっており、特に、医療的ケアを必要とする幼児児童生徒のうち、約7割近くが呼吸に関する医療的ケアを必要としています。

　また、小・中学校における医療的ケアの実態については、平成24年度に初めて調査を行いました。この数も年々増加し、平成29年度は858名の児童生徒が日常的に看護師等からの医療的ケアを受けています。

　いずれの場合においても、看護師の専門性を活かして医療的ケアを進め、教員の自立活動の専門性を活かして健康状態の維持・改善に努めることが求められています。なお、図2は、厚生労働省「医療施設調査」によるNICU（新生児集中治療室）数とMFICU（母体・胎児集中治療室）数の推移（平成26年4月1日現在）です。その数は年々増加し、在宅医療の進歩とともに、今後も高度な医療を必要とする幼児が、特別支援学校や小学校に就学することが予想されます。

特別支援学校等の医療的ケアに関する調査結果（H29.5.1現在）

（1）平成29年度特別支援学校における医療的ケアに関する調査結果

〇医療的ケアが必要な幼児児童生徒数・看護師数等の推移

	医療的ケア対象幼児児童生徒		看護師数（名）	教員数（名）
	在籍校数（校）	幼児児童生徒数（名）		
H18年度	553	5,901	707	2,738
H19年度	548	6,136	853	3,076
H24年度	615	7,531	1,291	3,236
H25年度	615	7,842	1,354	3,493
H26年度	622	7,774	1,450	3,448
H27年度	645	8,143	1,566	3,428
H28年度	638	8,116	1,665	4,196
H29年度	636	8,218	1,807	4,374

※ 公立の特別支援学校を調査対象としている。
※ H24年度からは、認定特定行為業務従事者として医療的ケアを行っている教員数（調査期日はH24年度：10月1日現在、H25,26年度：9月1日現在）

（2）平成29年度小・中学校における医療的ケアに関する調査結果

〇医療的ケアが必要な児童生徒数の推移

	医療的ケア対象児童生徒		児童生徒数（名）	看護指数（名）
	通常の学級数	特別支援学級数		
H24年度	311	527	838	—
H25年度	303	510	813	—
H26年度	376	600	976	—
H27年度	301	538	839	350
H28年度	252	514	766	420
H29年度	271	587	858	553

※ 公立の小・中学校（中等教育学校前期課程を含む）を調査対象としている。

⇒「**医療的ケアが必要な幼児児童生徒（児童生徒）**」とは、学校において日常的に、看護師や保護者などから、経管栄養やたんの吸引などの医行為を受けている者ででる。（本人が行うものを除く）

年度	H26	H27	H28	H29
通学生	5,657	5,935	5,926	6,061

図1　医療的ケアに関する調査結果

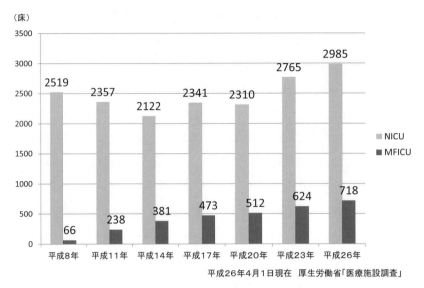

平成26年4月1日現在　厚生労働省「医療施設調査」

図2　NICU 数と MFICU 数の推移

（5）　高等学校の現状

　　小・中学校の通常の学級に「学習面又は行動面で著しい困難を示す」児童生徒の割合が 6.5％在籍している可能性があることから考えると、97％を超える進学率である高等学校においても発達障害等により支援が必要な生徒が多く在籍していると推測されます。また、「高等学校における特別支援教育の推進について～高等学校ワーキング・グループ報告」（平成 21 年 8 月 27 日）によれば、特別支援学級の生徒の 23％（2,470 人）が高等学校等（高等学校本科・別科・高等専門学校）に進学している実態があると示されています。そのような状況から、「高等学校における特別支援教育の推進について～高等学校ワーキング・グループ報告」（平成 21 年 8 月 27 日）や「共生社会の形成に向けたインクルーシブ教育システム構築のための特別支援教育の推進（報告）」（平成 24 年 7 月、中央教育審議会初等中等教育分科会）等において、高等学校及び中等教育学校後期課程（以下、「高等学校等」という）における「特別の教育課程」の編成に関する検討の必要性が指摘されました。それらを踏まえて文部科学省では、小・中学校における通級による指導を受けている児童生徒の増加や、中学校卒業後の生徒の高等学校等への進学状況など、小・中学校等からの学びの連続性を確保する観点から、平成 28 年 3 月の高等学校における特別支援教育の推進に関する調査研究協力者会議報告「高等学校における通級による指導の制度化及び充実方策について（報告）」（平成 28 年 3 月　高等学校における特別支援教育の推進に関する調査研究協力者

会議）を踏まえ、平成 28 年 12 月に学校教育法施行規則及び「学校教育法施行規則第 140 条の規定による特別の教育課程について定める件」（平成 5 年文部省告示第 7 号）の一部改正等が行われ，平成 30 年 4 月から高等学校等における通級による指導ができることとなりました。

　具体的には、高等学校学習指導要領（平成 30 年告示）の第 1 章総則の第 5 款 2 の (1) において、学校の定める個別の指導計画に従って通級による指導を履修することや、通級による指導における単位の修得の認定などについての規定が具体的に示されています。

　以上、共生社会の形成に向けたインクルーシブ教育システム構築のための特別支援教育が推進されるにつれて、特別支援学校以外の多様な学びの場で、自立活動の指導の連続性を確保する観点から、教職員の専門性の向上が求められていることが分かります。特に、特別支援学校については、自立活動の指導に関して、地域の特別支援教育の場に貢献していくことが、これまで以上に求められてくると思われます。

3　自立活動にかかわる基礎的理論の理解の必要性

　教職員の専門性向上に関連して、平成 23 年に改正された障害者基本法では「国及び地方公共団体は、障害者の教育に関し、人材の確保及び資質の向上を促進しなければならない。」ということが新たに規定されました（図 3）。また、「これからの学校教育を担う教員の資質能力の向上について～学び合い、高め合う教員育成コミュニティの構築に向けて～（答申）（抄）」（平成 27 年 12 月 21 日中央教育審議会）では、「このため，教育職員免許法附則第 16 項の廃止も見据え，平成 32 年度までの間に，おおむね全ての特別支援学校の教員が免許状を所持することを目指し，国が必要な支援を行うことが適当である。集中的に所持率の向上を図るためには，都道府県教育委員会等，学校設置者における特別支援学校の教員の採用や配置，研修等を通じた取組を求めるとともに，国においても，現職教員に対する免許法認定講習の開設支援や，独立行政法人国立特別支援教育総合研究所による免許法認定通信教育の実施，養成段階での免許状取得促進等の取組を進めることが考えられる。（中略）小中学校の特別支援学級担任の所持率も現状の 2 倍程度を目標として、特別支援学校教諭免許状の取得を進めることが期待され

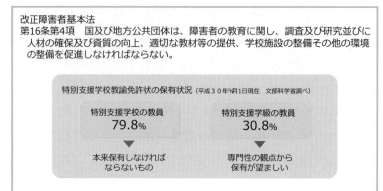

改正障害者基本法
第16条第4項　国及び地方公共団体は、障害者の教育に関し、調査及び研究並びに
　人材の確保及び資質の向上、適切な教材等の提供、学校施設の整備その他の環境
　の整備を促進しなければならない。

特別支援学校教諭免許状の保有状況 （平成３０年%月1日現在　文部科学省調べ）

特別支援学校の教員
79.8%

特別支援学級の教員
30.8%

本来保有しなければ
ならないもの

専門性の観点から
保有が望ましい

➢ 幼・小・中・高の教諭免許状を有する者は、「当分の間」
　特別支援学校の相当する部の教諭等となることができる
　（法附則第16項）
➢ 特別支援学級担任や、通級による指導を担当する教員につ
　いては、特別支援学校教諭免許状を有すること等の法令上
　の規定はない。

図３　特別支援学校教諭免許状の保有状況等

る。」と示されています。

　しかし、例えば、特別支援学校の教員の専門性を担保する特別支援学校教諭免許状の取得率は、平成30年5月1日現在で79.8％という状況です。また、新規採用者の取得率は69.1％という状況にあります。これらの割合は、年々増加傾向にはありますが、特別支援学校教諭免許状を有していない者が存在していることに注目する必要があります。これは、免許法の附則第16項に「当分の間」という規定があるため、幼稚園・小学校・中学校・高等学校教諭免許状を有する者は、特別支援学校教諭免許状を有しなくても特別支援学校の教員になれることによります。いずれにせよ、自立活動における基礎的な学びをしてこなかった特別支援学校教諭免許状を保有していない者が、例えば、平成29年度（5月1日現在）の新規採用者では3割を超えて存在しますので、自立活動の理念や指導の本質について現職研修で対応すべきことは明らかです。

　また、小・中学校等に位置づく特別支援学級や通級による指導を担当する教員については、特別支援学校教諭免許状を有すること等の法令上の規定はありませんので、こちらについても自立活動の指導に関する現職研修としての対応の必要性が、喫緊の課題となっています。

　安藤（2015）は「教員養成段階での自立活動の体系的な学修が必ずしも確保できていないとすれば、現職者に対する教育、研修において、これを確保するこ

とが喫緊の課題である。(中略) 学ぶ立場での基礎的な知識の学修が十分に行われていない場合、教職に就いた後の学修の在り方に重大な影響を及ぼすことになる。」としています。

　自立活動の指導を適用する学びの場は拡大していますが、上記の理由等により、法令や学習指導要領に規定されている自立活動とは何か、自立活動とは、どのような背景により養護・訓練から転換され、その理念と特徴はどのようなものであるかなど、歴史的、制度的な背景や理念の理解が正しくなされていない状況が見受けられます。その結果、次のような自立活動の本質から外れたような誤解が見受けられる場合があります。

・自閉症だから「人間関係の形成」、肢体不自由だから「身体の動き」など、特定の区分・項目だけを取り上げている指導

・○○トレーニング、○○法など、特定の理論・方法論だけが先行している指導

・○○的自立活動など、自立活動の指導が教科化されている指導

・単なる教科の遅れを補充するための指導

・各教科等を合わせた指導を行う際に、各教科や自立活動等の視点で指導目標・内容が整理されていない指導

・最初から集団を前提としている指導

・自立活動の個別の指導計画の作成が担当者任せになっている指導　など

4　現職研修の課題

　前述したように、現職者に対する自立活動についての研修を確保することが喫緊の課題とはいえ、学校では毎年異動があり、長期的展望をもって研修計画を立てたり、研修成果を積み上げたりすることが難しい状況にあります。さらに、近年の特別支援学校においては、自立活動の指導経験や実績のある教師を含む大量退職の時代にあって、所属する教師の若返り化が図られている学校も多く、幼児児童生徒の成長を十分に描ききれない若手教師や、自立活動の個別の指導計画を作成する上で、実態把握から指導目標・内容を導き出すプロセスに確信がもてない新任教師の不安の声などが聞かれます。

　表2は、平成23年6月に独立行政法人国立特別支援教育総合研究所がまとめた「特別支援学校における新学習指導要領に基づいた教育課程編成の在り方に関

する実際的研究（平成22〜23年度）アンケート調査報告書（速報版）」から、自立活動の指導における課題を抜粋したものです。自立活動の指導における課題については、「（教員の）専門性の向上」が40%となっており、例えば「PT、OT、ST等の専門職の活用」が挙げられていました。次に多かったのが、「指導内容や方法の検討」で24%となっています。「時間の指導における具体的な指導内容、方法の検討」、「知的障害のある児童生徒の自立活動の指導の具体化」等が課題として挙げられていました。他にも、「自立活動に関する教職員の共通理解」や「（自立活動の）時間設定」等が課題視されていました。

　特別支援学校学習指導要領解説自立活動編では、自立活動の指導計画の作成や実際の指導に当たっては、教師以外の専門家との連携・協力を図り、適切な指導ができるようにすることの必要性について述べられています。また、特別支援学校学習指導要領解説総則等編（幼稚部・小学部・中学部、高等部）では、重複障害者の指導に当たっては、専門的な知識や技能を有する教師間の協力の下に指導を行ったり、必要に応じて専門の医師及びその他の専門家の指導・助言を求めたりするなどして、学習効果を一層高めるようにすることの重要性が示されています。こうした外部専門家等との連携・協力を進める際に留意すべきこととして、特別支援学校学習指導要領解説自立活動編には「自立活動の指導は教師が責任をもって計画し実施するものであり、外部の専門家の指導にゆだねてしまうことのないようにすること」としています。つまり、教師は、外部専門家の助言や知見などを、自分の計画や指導に生かすという姿勢で、外部専門家等と向き合うことが大切であるということです。しかし、表2を見ると、「外部専門家を活用して

表2　自立活動の指導における課題（自由記述、抜粋）

N＝68

カテゴリー	校数	割合 (%)
（教員の）専門性の向上 　例）PT、OT、STなど専門職の活用による専門性の向上	27	40
指導内容や方法の検討 　例）時間の指導における具体的な指導内容、方法の検討 　例）知的障害のある児童生徒の自立活動の指導の具体化	16	24
自立活動に関する教職員の共通理解	7	10
（自立活動の）時間設定	7	10

（国立特別支援教育総合研究所（2011）より）

いるが、自己の専門性の向上や自立活動の具体的な指導内容等の検討につながっていない」という結果になっているのはなぜでしょう。もしかしたら、自立活動における基礎的な学びが備わっていない教師が、外部専門家に対して「どうすればよいのでしょうか」と「外部専門家おまかせ」の向き合い方になっていないか、外部専門家の手技や見聞きしたことをそのまま真似するだけの活用の仕方になっていないか、外部専門家の用語等の意味を正しく理解できていないまま日々の実践に臨んでいるのではないかなど、危惧するところです。そうならないためにも、自分が指導の中で疑問や課題に感じていることを挙げ、関連する個別の指導計画の年間目標や設定した指導内容及びその手だてなど、自らの意図と実践をベースにしたやりとりから、自己の専門性への気づきが促されるような外部専門家の活用方略の工夫が求められています。

5　知的障害教育における課題

　図4は、平成27年10月に独立行政法人国立特別支援教育総合研究所がまとめた「今後の特別支援教育の進展に資する特別支援学校及び特別支援学級における教育課程に関する実際的研究（平成26〜27年度）特別支援学校における教育課程の評価の現状と課題に関する調査報告書」（以下、「調査報告書」とする）から、自立活動の指導における課題の部分の抜粋です。図4に示すカテゴリーは、回答校による「幼児児童生徒の、年度当初の自立活動の目標に対する達成状況」を評価することが難しい理由となっています。

　特に、「教育活動全体での指導の実施」と回答した学校は、「自立活動を週時程表上に位置づけていない（学校生活全般をとおして実施している）ため、目標や

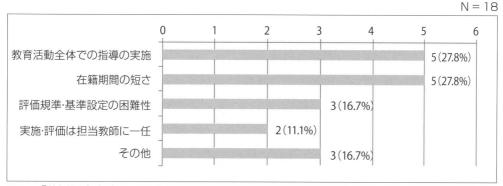

図4　「幼児児童生徒の、年度当初の自立活動の目標に対する達成状況」という項目を使用するのが難しい理由

手だてがはっきりせず、評価することが難しい」といった理由によるものでした。障害種別の結果では、「教育活動全体での指導の実施」という回答が、知的障害で多く見られています。このことに関連して、表2を見ると「知的障害のある児童生徒の自立活動の指導の具体化」が課題として挙げられています。つまり、知的障害教育では、多くの場合に教育活動全体をとおして、個々に配慮しながら自立活動の指導を行っているが、授業への具体化が必ずしも十分ではない、という現場の悩みが明らかになっています。

　これらの結果は、特別支援学校（知的障害）だけではなく、他の特別支援学校で学んでいる知的障害を併せ有する児童生徒に対して「重複障害者等に関する教育課程の取扱い」を適用し、特別支援学校（知的障害）の小・中学部や高等部の各教科に替えて、かつ各教科等を合わせて指導する場合においても同様のことが言えると思います。表2や図4で示された結果の要因までは、調査報告書から分析することはできませんが、いずれにしても、まずは自立活動に関する教師の共通理解として、自立活動の評価は個別に設定した指導目標・内容に照らして、その実現状況を捉えることが基本であるということの共通理解を校内で図る必要があると思います。そのためには、特別支援学校学習指導要領に示されている「各教科等を合わせた指導を展開する場合の指導内容の取扱い」を踏まえ、各教科や自立活動等に示す目標・内容を基に、具体的に指導内容を設定する手続きを、個別の指導計画の書式や作成プロセスとの関連の中で整理する仕組みを構築することが大切です。その上で、個別の指導計画と授業との接続を構想する視点や手続きを工夫し、自立活動の指導を意識した授業の研究を進めていく必要があります。

6 　学校の教育活動全体を通じた指導と課題

　図5は、調査報告書から「自立活動の時間における指導内容と、他の各教科等における自立活動の指導内容との関連が図られているか」を評価することが難しい理由をまとめたものです。ここでも「教育活動全体での指導の実施」と回答した学校が多く、その理由と障害種別は「3　知的障害教育における自立活動の課題」で示したものと同様です。次いで、「実施・評価は担任教師に一任」が課題として挙げられています。特に、「自立活動の専門部はなく、実態の捉え方や指導内容の設定などが、担任または授業担当者の裁量や判断に任されている部分があり難しい」といった理由によるものでした。他にも、「担当者間での共有、す

り合わせの困難性」が挙げられています。特に、「教科担任制になっているため、自立活動担当者と他の教科担当者と自立活動の指導内容を共有するなどの連携が難しい」といった理由によるものでした。

N＝42

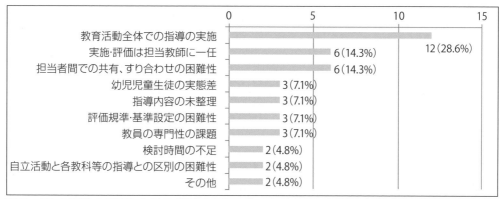

図5　「自立活動の時間における指導内容と、他の各教科等における自立活動の指導内容との関連が図られているか」という項目を使用するのが難しい理由

　自立活動の指導は、「時間における指導」だけではなく、学校の教育活動全体を通じて行わなければなりません。このことについては、特別支援学校学習指導要領等で、次のように示されています。

> 学校における自立活動の指導は、障害による学習上又は生活上の困難を改善・克服し、自立し社会参加する資質を養うため、学校の教育活動全体を通じて適切に行うものとする。特に、自立活動の時間における指導は、各教科、…（中略）…及び特別活動と密接な関連を保ち…（中略）…適切な指導計画の下に行う…（中略）…

　障害のある幼児児童生徒が自立し、社会参加するには、各教科等で学ぶ知識や技能などの他に、障害による学習上又は生活上の困難を改善・克服する力を身につけていく必要があります。そうした困難に対応する力を幼児児童生徒が主体的に学べるのが自立活動の指導ですから、時間における指導で改善・克服しつつある力が、各教科等の様々な活動の中で活用されたり、強化されたり、あるいは逆に、各教科等で学習したことを「てこ」にして、自立活動の時間における指導が発展的に行われたりするなど、相互作用の関係を教職員間で意識して指導に当たることが重要です。そのためにも、自立活動の時間の指導計画を詳しく立てるとともに、各教科等の指導計画に自立活動の内容を盛り込んでいくことが求められます。

7 校内で自立活動の指導を支える仕組みの課題

　自立活動については、各教科のように指導目標の系統性や取り扱う内容の順序性が学習指導要領に示されていません。したがって、幼児児童生徒一人一人の実態に応じた指導目標や内容に迫るためには、自立活動における個別の指導計画の作成プロセスの精度を上げる必要があります。

　安藤（2004）によると、現場では作成に当たって、二つの課題があると指摘しています。第一は、作成しても授業に生かされていない、引き継ぎや連携がうまくいかない、という「つながらない」ということ。第二は、実態把握や目標、内容設定に「確信がない」ということの2点です。

　図6は、特別支援学校学習指導要領解説自立活動編から抜粋した具体的な指導内容の例です。自立活動における個別の指導計画の作成プロセスの精度を上げるためには、個別の指導計画を具体的な形にしていくための「道筋を描く」ことが大変重要です。そのためには、図6の矢印や線の意味、そこを結ぶプロセスをどう整理していくか、この点が大きなポイントになってきます。この部分の整理如

児童：小学部第1学年
障害名等：肢体不自由（脳性まひ），知的障害（知的発達のレベル：0歳11か月）

実態把握	障害の状態，発達や経験の程度，興味・関心，生活や学習環境などについて情報収集					
	収集した情報を自立活動の区分に即して整理					
	健康の保持	心理的な安定	人間関係の形成	環境の把握	身体の動き	コミュニケーション
	体調は安定しているが，刺激が乏しくなると眠ることがある。	不安になりやすいが，よく知っている人がかかわると落ち着く。	いつも接する教師や家族とのかかわりを喜ぶ。	音の変化に気付き，表情を変える。音源を探索する様子も見られる。	触れた物をつかむが，玩具に手を伸ばそうとはしない。	機嫌のよいときによく発声する。

幾つかの指導目標の中で優先する目標として　　　　　　　　　　　　　　**重要**

指導目標	音を聞きながら玩具を目で追ったり，玩具を手に持ち，音を出して楽しんだりする。

指導目標を達成するために必要な項目の設定

区分	健康の保持	心理的な安定	人間関係の形成	環境の把握	身体の動き	コミュニケーション
選定された項目	生活のリズムや生活習慣の形成に関すること。	情緒の安定に関すること。	他者とのかかわりの基礎に関すること。	保有する感覚の活用に関すること。	姿勢と運動・動作の基本的技能に関すること。	コミュニケーションの基礎的能力に関すること。

選定した項目を相互に関連付け具体的な指導内容を設定

具体的な内容	音の変化を楽しんだり，音のする玩具の動きを目で追ったり，音がするところを探索したりする。	玩具を振ったり，それに触れたりして音を出し，笑顔になったり発声したりする。	教師の言葉掛けを聴いて，玩具に手を伸ばして音を出したりする。

（特別支援学校学習指導要領解説自立活動編（2009）から抜粋、一部加筆）

図6　具体的な指導内容の例

何で「確信がもてない」という声がなくなるのだろうと思います。つまり、教員は個別の指導計画の書式や枠組みに沿って情報を整理しますので、各校現状の書式で作りづらさを感じている者がいるのなら、様式の再検討のほか、作成の確定手続きに参画する分掌部間の連携など、いつ、だれが、どうやって支えていけばいいか、学校組織として支える仕組みを再検討してほしいと思います。

8　学習の評価と評価方法の課題

　自立活動における学習の評価は、実際の指導が幼児児童生徒の目標実現に向けてどのように変容しているかを明らかにするものです。また、幼児児童生徒がどのような点でつまずき、それを改善するにはどのような指導が必要かを明確にし、検討する必要もあります。したがって、指導の結果や学習状況を評価するに当たっては、指導の目標を設定する段階で、その到達状況となる評価の基準を具体的に捉えておくことが重要です。その際、自立活動の指導は、幼児児童生徒が自ら進んで困難と向き合い、その困難に対応する知識、技能、態度及び習慣を主体的に身につけていくことを目指していきますので、自立活動の指導においても、いくつかの観点を設定して分析的に評価することが有効です。観点を設けない場合には、どうしても知識・理解や技能に関すること、すなわち幼児児童生徒の行動として観察されることの評価が中心になりやすいものです。学習に取り組む幼児児童生徒の内面を捉えるためにも、そういった視点からも評価の観点を予め検討することが大切です。

　また、学習の評価については、幼児児童生徒にとっても自らの学習状況や結果に気付き、自分を見つめ直すきっかけとなり、その後の学習や発達を促す意義があります。近年では、自立活動の時間の指導においても、AT・ICT支援機器等が積極的に導入され、学習中あるいは学習後の自己評価に活用するような実践も見受けられます。自立活動の指導においては、幼児児童生徒が自分の障害と向き合う場面が多くあります。障害のある自分を知り、受け止め、それによる困難を改善しようとする意欲がもてるような指導と評価の在り方にも期待しています。

9 障害を理由とする差別の解消の推進に関する法律に対応した課題

　平成 28 年 4 月から障害を理由とする差別の解消の推進に関する法律（いわゆる「障害者差別解消法」）が施行されました。このことを自立活動の視点で捉えてみてください。障害のある幼児児童生徒自身が、今、何が自分にとって社会的障壁なのかを感じたり、除去してほしいと意思を表明したり、主体的に解決方法を想起し自己選択・自己決定したりする力など、これからの時代を生きていく幼児児童生徒たちに、社会から求められている力を自立活動の指導で、育て、高めていくことが求められます。

10 おわりに

　自立活動の指導は、特別支援教育に携わる教師の専門性の要です。実践の省察を重ねた教師が肌を通して実践的思考を深め、実感のこもった教師の育ち合いから、教師集団としての実践力も高まり、ひいては学校組織としての自立活動に関する専門性の向上につながっていくような検証システムの構築が望まれます。

■引用・参考文献
・安藤隆男（2004）特別支援教育における評価の在り方について－個別の指導計画作成の現状から個別の教育支援計画を展望して－. 肢体不自由教育，156，4-10.
・安藤隆男（2015）自立活動の専門性の確保において現職研修が必要な背景. 新重複障害教育実践ハンドブック，全国心身障害児福祉財団，199-213.
・分藤賢之（編著）（2015）新重複障害教育実践ハンドブック. 全国心身障害児福祉財団.
・独立行政法人国立特別支援教育総合研究所（2011）特別支援学校における新学習指導要領に基づいた教育課程編成の在り方に関する実際的研究（平成 22 年～平成 23 年度）アンケート調査報告書（速報版），第 4 節自立活動，24-32.
・独立行政法人国立特別支援教育総合研究所（2015）今後の特別支援教育の進展に資する特別支援学校及び特別支援学級における教育課程に関する実際的研究（平成 26 年～平成 27 年度）特別支援学校における教育課程の評価の現状と課題に関する調査報告書，5. 教育課程の評価項目. 32-33，44，65.
・文部科学省（2009）特別支援学校学習指導要領解説自立活動編.
・文部科学省（2018）特別支援学校学習指導要領解説自立活動編.
・文部科学省（2008 ～ 2018）特別支援教育資料（平成 19 ～ 29 年度）.
・下山直人（2011）自立活動の概要. 新しい自立活動の実践ハンドブック，全国心身障害児福祉財団，11-52.

3 / 自立活動のカリキュラム構造と指導目標設定に至るプロセスの可視化の必要性

1　はじめに

「各教科の指導と自立活動の指導は何がどのように違うのか？」と問われたら、みなさんはどのように説明されるでしょうか？　ここでは、教科と自立活動の違いについて、そのカリキュラム構造と、授業における指導目標設定に至る手続きに着目して説明します。また、その違いを踏まえた上で自立活動の指導の系統性を担保するためには、個別の指導計画に何を記載する必要があるのかを考えます。

2　通常教育のカリキュラム

19 世紀後半から 20 世紀前半にかけて、欧米諸国では、それまでの伝統的な分離教科カリキュラム（separate subject curriculum：個々の教科の背後にある学問の論理的知識体系をただちに教科の内容とし、教科相互の間にはなんらの関連も考慮されない多教科並列のカリキュラム（日本カリキュラム学会編，2001））では教科書中心で子どもの興味・関心を軽視した授業に陥りやすいとの批判が高まりました。そこで新たな教育の理念として提唱されたのが、デューイ（Dewey,J.）に代表される、子どもの興味や課題意識に基づき展開する体験的な学習活動を通して必要な事項を身につけさせようとする考え方でした。我が国でも、この教育改革の影響を受け、「大正自由教育」「大正新教育」の時代といわれ、教師により多くの新課程が編み出されました（水原，2005）。戦後間もない時期の通常教育におけるカリキュラムも、デューイに代表される経験主義に基づく編成が主流でした。

しかし、子どもに与えるべき生活経験の領域の選択と系列の決定を教師に委ねる教育実践は、「這い回る経験主義」との批判を受けることになります。授業の中で、子どもが活動を通して何を学んでいるのかが明確ではなく、学びが十分に保障されていないとの指摘です。これを機に、通常教育のカリキュラムは、各教

科のスコープ（scope）とシークエンス（sequence）に基づき教育実践を展開する系統主義への転換を図ることになりました。

　その後、1960年代を前後して、科学技術革新を担う次世代養成に対する時代の要請に応えて、いわゆる教育内容の「現代化」と総称される動向も顕著になりました。この現代化の原則となったブルーナー（Bruner,J.S.）の学問中心カリキュラム（discipline-centered curriculum）は、教育内容の増大と高度化をもたらしました。その結果、授業の内容を十分に理解できない大量の「落ちこぼれ」が問題視される状況を生むことになったのです。

　このような動向の中、1964年に実施された国際到達度評価学会（The International Association for the Evaluation of Educational Achievement；IEA）は、カリキュラムを、「意図したカリキュラム（Intended Curriculum）：国が示したこと」「実施したカリキュラム（Implemented Curriculum）：教師が実際に教えたこと」「達成したカリキュラム（Attained Curriculum）：児童・生徒が身につけたこと」の3層構造として捉えました（図1）。どのような内容を、いつ、どの程度扱ったのか、その学習の内容や機会だけでなく、結果として学習者自身が何を学んだのかに着目し、学習状況を丁寧に把握することの重要性を示したのです。

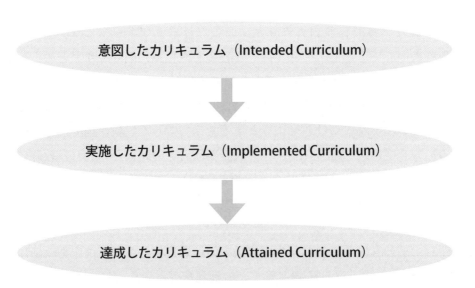

図1　カリキュラムの3層構造

3　教科のカリキュラム構造

　教科のカリキュラム構造について、授業を想定しながら考えてみましょう。

　Ａさんは、昨年度の国語の授業を通して、事柄の順序を整理しながら、大事なことを落とさないように聞いたり、簡単な構成を考えて書いたり、想像を広げながら読んだりすることが十分にできるようになりました。また、算数の授業では、具体物を用いた活動などを通して、数の意味や表し方、単位や測定、図形等について理解できるようになってきましたが、まだ十分な定着には至っていません。このＡさんをみなさんが今年度、担任することになりました。Ａさんの今年度の国語および算数における指導目標をどのように設定されるでしょうか。

　表1、表2は、小学校学習指導要領に示された国語と算数の目標です。みなさんは、Ａさんの国語の指導目標を設定する際には国語の、算数の指導目標を設定する際には算数の目標系列に着目することになります。

表1　小学校国語の各学年の目標

学年	目　標
5・6	(1)　日常生活に必要な国語の知識や技能を身に付けるとともに，我が国の言語文化に親しんだり理解したりすることができるようにする。 (2)　筋道立てて考える力や豊かに感じたり想像したりする力を養い，日常生活における人との関わりの中で伝え合う力を高め，自分の思いや考えを広げることができるようにする。 (3)　言葉がもつよさを認識するとともに，進んで読書をし，国語の大切さを自覚して，思いや考えを伝え合おうとする態度を養う。
3・4	(1)　日常生活に必要な国語の知識や技能を身に付けるとともに，我が国の言語文化に親しんだり理解したりすることができるようにする。 (2)　筋道立てて考える力や豊かに感じたり想像したりする力を養い，日常生活における人との関わりの中で伝え合う力を高め，自分の思いや考えをまとめることができるようにする。 (3)　言葉がもつよさに気付くとともに，幅広く読書をし，国語を大切にして，思いや考えを伝え合おうとする態度を養う。
1・2	(1)　日常生活に必要な国語の知識や技能を身に付けるとともに，我が国の言語文化に親しんだり理解したりすることができるようにする。 (2)　順序立てて考える力や感じたり想像したりする力を養い，日常生活における人との関わりの中で伝え合う力を高め，自分の思いや考えをもつことができるようにする。 (3)　言葉がもつよさを感じるとともに，楽しんで読書をし，国語を大切にして，思いや考えを伝え合おうとする態度を養う。

表2　小学校算数の各学年の目標（一部抜粋）

学年	目　　標
6	（1）分数の計算の意味，文字を用いた式，図形の意味，図形の体積，比例，度数分布を表す表などについて理解するとともに，分数の計算をしたり，図形を構成したり，図形の面積や体積を求めたり，表やグラフに表したりすることなどについての技能を身に付けるようにする。 （2）数とその表現や計算の意味に着目し，発展的に考察して問題を見いだすとともに，目的に応じて多様な表現方法を用いながら数の表し方や計算の仕方などを考察する力，図形を構成する要素や図形間の関係などに着目し，図形の性質や図形の計量について考察する力，伴って変わる二つの数量やそれらの関係に着目し，変化や対応の特徴を見いだして，二つの数量の関係を表や式，グラフを用いて考察する力，身の回りの事象から設定した問題について，目的に応じてデータを収集し，データの特徴や傾向に着目して適切な手法を選択して分析を行い，それらを用いて問題解決したり，解決の過程や結果を批判的に考察したりする力などを養う。 （3）数学的に表現・処理したことを振り返り，多面的に捉え検討してよりよいものを求めて粘り強く考える態度，数学のよさに気付き学習したことを生活や学習に活用しようとする態度を養う。
5	（略）
4	（略）
3	（1）数の表し方，整数の計算の意味と性質，小数及び分数の意味と表し方，基本的な図形の概念，量の概念，棒グラフなどについて理解し，数量や図形についての感覚を豊かにするとともに，整数などの計算をしたり，図形を構成したり，長さや重さなどを測定したり，表やグラフに表したりすることなどについての技能を身に付けるようにする。 （2）数とその表現や数量の関係に着目し，必要に応じて具体物や図などを用いて数の表し方や計算の仕方などを考察する力，平面図形の特徴を図形を構成する要素に着目して捉えたり，身の回りの事象を図形の性質から考察したりする力，身の回りにあるものの特徴を量に着目して捉え，量の単位を用いて的確に表現する力，身の回りの事象をデータの特徴に着目して捉え，簡潔に表現したり適切に判断したりする力などを養う。 （3）数量や図形に進んで関わり，数学的に表現・処理したことを振り返り，数理的な処理のよさに気付き生活や学習に活用しようとする態度を養う。
2	（1）数の概念についての理解を深め，計算の意味と性質，基本的な図形の概念，量の概念，簡単な表とグラフなどについて理解し，数量や図形についての感覚を豊かにするとともに，加法，減法及び乗法の計算をしたり，図形を構成したり，長さやかさなどを測定したり，表やグラフに表したりすることなどについての技能を身に付けるようにする。 （2）数とその表現や数量の関係に着目し，必要に応じて具体物や図などを用いて数の表し方や計算の仕方などを考察する力，平面図形の特徴を図形を構成する要素に着目して捉えたり，身の回りの事象を図形の性質から考察したりする力，身の回りにあるものの特徴を量に着目して捉え，量の単位を用いて的確に表現する力，身の回りの事象をデータの特徴に着目して捉え，簡潔に表現したり考察したりする力などを養う。 （3）数量や図形に進んで関わり，数学的に表現・処理したことを振り返り，数理的な処理のよさに気付き生活や学習に活用しようとする態度を養う。
1	（1）数の概念とその表し方及び計算の意味を理解し，量，図形及び数量の関係についての理解の基礎となる経験を重ね，数量や図形についての感覚を豊かにするとともに，加法及び減法の計算をしたり，形を構成したり，身の回りにある量の大きさを比べたり，簡単な絵や図などに表したりすることなどについての技能を身に付けるようにする。 （2）ものの数に着目し，具体物や図などを用いて数の数え方や計算の仕方を考える力，ものの形に着目して特徴を捉えたり，具体的な操作を通して形の構成について考えたりする力，身の回りにあるものの特徴を量に着目して捉え，量の大きさの比べ方を考える力，データの個数に着目して身の回りの事象の特徴を捉える力などを養う。 （3）数量や図形に親しみ，算数で学んだことのよさや楽しさを感じながら学ぶ態度を養う。

　Aさんの実態を国語の目標系列に照らすと、小学校1・2年生の目標を十分に達成できていると判断できます。そこで、国語の指導目標については、小学校3・4年生の目標に準拠して設定することになります。また、算数については、小学校2年生の目標水準の力の定着を図ることが必要と判断されるでしょう。

　そして、それぞれの指導目標を達成させるために、各学年（国語の場合、2学年ごと）の目標に対応して示された内容を扱うことになります。

　なお、知的障害特別支援学校の各教科については、学年ごとではなく段階ごとに目標と内容が示されています（小学部は3段階、中学部は2段階、高等部は2段階）。子どもの実態を踏まえて設けられたこの段階に、目の前の子どもの実態を照らし、個々の指導目標を具体化することになります。

　このように、教科については、学習指導要領に目標の系統性や扱う内容の順序性が示されています。そこで、教師が各教科の指導を行う場合、小学校や中学校の学習指導要領に明示されたスコープとシークエンス、すなわち、各教科の学年（または2学年）ごとの目標や内容のまとまりを手がかりに、1年間で達成をめざす目標や学習活動のまとまりとしての単元を構想することになります。しかし、実際の授業は教科書に沿って行われるため、教師自らが単元を構想することは稀です。また、学習指導要領には標準時数（表3）も示されていますので、指導時数について検討する余地も限られます。

　以上のことから、教科については、「意図したカリキュラム」として学習指導要領に示される目標・内容が具体的、かつ目標の系統性や扱う内容の順序性が明確であり、また、「実施するカリキュラム」開発の実質的な担い手は、教科書を作成する出版社となっていると言えます（図2）。

表 3　各教科等の授業時数（小学校）

教科等	1 学年	第 2 学年	第 3 学年	第 4 学年	第 5 学年	第 6 学年
国語	306	315	245	245	175	175
社会			70	90	100	105
算数	136	175	175	175	175	175
理科			90	105	105	105
生活	102	105				
音楽	68	70	60	60	50	50
図画工作	68	70	60	60	50	50
家庭					60	55
体育	102	105	105	105	90	90
外国語					70	70
道徳	34	35	35	35	35	35
外国語活動			35	35		
総合的な 学習の時間			70	70	70	70
特別活動	34	35	35	35	35	35
総授業時数	850	910	980	1015	1015	1015

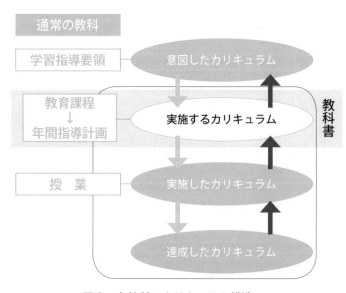

図2　各教科のカリキュラム構造

4 自立活動のカリキュラム構造

　つづいて、自立活動の授業を考えてみましょう。自立活動については、特別支援学校の学習指導要領に明示された目標は、下記の一つのみです。

　個々の児童又は生徒が自立を目指し、障害による学習上又は生活上の困難を主体的に改善・克服するために必要な知識，技能，態度及び習慣を養い、もって心身の調和的発達の基盤を培う。

　では、どのような視点で個々の子どもの実態を把握し、指導目標を導き出すとよいのでしょうか。

　図3は、2009（平成21）年の特別支援学校の学習指導要領解説（自立活動編）に示された、実態把握から具体的な指導内容の設定に至る手続きです。

児童：小学部第1学年
障害名等：肢体不自由（脳性まひ），知的障害（知的発達のレベル：0歳6か月未満）

実態把握	障害の状態，発達や経験の程度，興味・関心，生活や学習環境などについて情報収集					
	収集した情報を自立活動の区分に即して整理					
	健康の保持	心理的な安定	人間関係の形成	環境の把握	身体の動き	コミュニケーション
	・体調は安定しているが，刺激が乏しくなると眠ることがある。	・不安になりやすいが，よく知っている人がかかわると落ち着く。	・いつも接する教師や家族とのかかわりを喜ぶ。	・音の変化に気付き，表情を変え。音源を探索する様子も見られる。	・触れた物をつかむが，玩具に手を伸ばそうとはしない。	・機嫌のよい時によく発声する。

幾つかの指導目標の中で優先する目標として

指導目標	音を聞きながら玩具を目で追ったり，玩具を手に持ち，音を出して楽しんだりする。

指導目標を達成するために必要な項目の選定

選定された項目	健康の保持	心理的な安定	人間関係の形成	環境の把握	身体の動き	コミュニケーション
	・生活のリズムや生活習慣の形成に関すること。	・情緒の安定に関すること。	・他者とのかかわりに関すること。	・保有する感覚の活用に関すること。	・姿勢と運動・動作の基本的技能に関すること。	・コミュニケーションの基礎的能力に関すること。

選定された項目を関連づけ具体的な指導内容を設定

具体的な指導内容	・音の変化を楽しんだり，音のする玩具の動きを目で追ったり，音がするところを探索したりする。	・玩具を振ったり，それに触ったりして音を出し，笑顔になったり発声したりする。	・教師の言葉掛けを聴いて，玩具に手を伸ばして音を出したりする。

（特別支援学校学習指導要領解説自立活動編（2009）P.10より引用）

図3　具体的な指導内容の例

　特別支援学校の学習指導要領解説（自立活動編）「自立活動の意義と指導の基本」には、以下のように自立活動の意義が述べられています。

> 　小・中学校等の教育は、幼児児童生徒の生活年齢に即して系統的・段階的に進められている。そして、その教育の内容は、幼児児童生徒の発達の段階等に即して選定されたものが配列されており、それらを順に教育をすることにより人間として調和のとれた育成が期待されている。
>
> 　しかし、障害のある幼児児童生徒の場合は、その障害によって、日常生活や学習場面において様々なつまずきや困難が生じることから、小・中学校等の幼児児童生徒と同じように心身の発達の段階等を考慮して教育するだけでは十分とは言えない。そこで、個々の障害による学習上又は生活上の困難を改善・克服するための指導が必要となる。このため、特別支援学校においては、小・中学校等と同様の各教科等のほかに、特に「自立活動」の領域を設定し、その指導を行うことによって、幼児児童生徒の人間として調和のとれた育成を目指しているのである。

　このように、自立活動の授業を担当する教師には、障害のある子どもに対し、「小・中学校等の幼児児童生徒と同じように心身の発達の段階等を考慮して教育するだけでは十分とは言えない」ことを十分に認識し、「個々の障害による学習上又は生活上の困難」を把握して、その状態の「改善・克服」に向けた指導を実践することが求められるのです。

　自立活動の実態把握においては、子どもの障害種にかかわらず、「健康の保持」や「人間関係の形成」、「身体の動き」等、6つの視点（内容の区分）から子どもの実態を把握することが重要になります（図4）。例えば、視覚障害の子どもだから「環境の把握」に関する実態のみに焦点を当てる、あるいは、肢体不自由の子どもだから「身体の動き」に関する実態を把握すれば十分、という考え方ではありません。

　また、指導目標の設定に際して、認知やコミュニケーション、姿勢・運動等の発達の諸側面ごとに、把握した実態の次の段階を指導目標として設定する手続きは、自立活動の意義にそぐわないことを理解しておかなければなりません。発達の段階を考慮したうえで、認知やコミュニケーション等の各視点から浮き彫りとなる子どもの様々な姿がどのように影響し合っているのかを理解することが、「個々の障害による学習上又は生活上の困難」を把握する上で不可欠となります。内容については、「健康の保持」、「心理的な安定」、「人間関係の形成」、「環境の

把握」、「身体の動き」、「コミュニケーション」の 6 つの各区分のもとに計 27 項目が示されています。しかし、各教科のように、学習指導要領に示された内容のすべてを扱うことが前提とはなりません。特別支援学校の学習指導要領「第 7 章 自立活動 第 3 個別の指導計画の作成と内容の取扱い」には、「自立活動の指導に当たっては、個々の児童又は生徒の障害の状態や特性及び心身の発達の段階等の的確な把握に基づき、指導すべき課題を明確にすることによって、指導目標及び指導内容を設定し、個別の指導計画を作成するものとする。その際、第 2 に示す内容の中からそれぞれに必要とする項目を選定し、それらを相互に関連付け、具体的に指導内容を設定するものとする。」と示されています。自立活動の指導では、学習指導要領に示された内容のいずれを扱うのかは、教師の裁量となります。個々の子どもに設定した指導目標を達成させるために扱う必要のある内容（項目）は何か、指導を担当する教師が判断します。

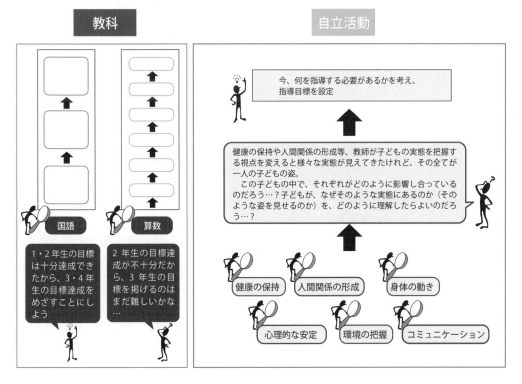

図4　教科と自立活動の指導における指導目標設定の手続き

　以上のように、自立活動については、教科の場合と異なり、特別支援学校の学習指導要領に、小学部から高等部に至る目標の系統性や扱う内容の順序性が示されていません。いつ、何を指導するのかは、指導を担当する教師が、個々の子どもの自立を描き、障害の状態や発達段階等を踏まえて決定しなければなりません。国が示す「意図したカリキュラム」が、小学部から高等部まで共通の唯一の目標と、個々の実態に即して必要なものだけを選択することを前提とした内容の提示にとどまり、今、何を指導すべきか、すなわち、「実施するカリキュラム」は授業を担当する教師の判断となります（図5）。

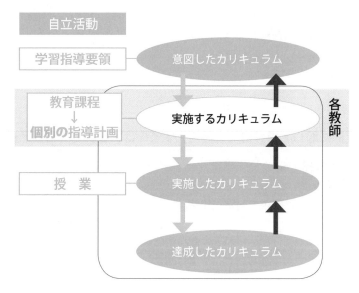

図5　自立活動のカリキュラム構造

　このような自立活動のカリキュラム構造は、個々の子どもの実態に即した指導を具現化するために必要不可欠です。その一方で、指導目標や指導内容の設定において教師に委ねる裁量が大きいことから、指導の系統性や継続性をいかに担保するかという課題を孕む構造であると指摘できます。1999（平成11）年に告示された特別支援学校の学習指導要領において、自立活動の指導及び重複障害者の指導にあたり、個別の指導計画を作成することが示されたのは、このような背景を有するためです。

5　指導目標設定に至るプロセスの可視化の必要性

　特別支援学校には、個別の指導計画に基づく系統的な自立活動の指導が求められます。個別の指導計画の書式については、国が示す一律の書式はありません。各学校が、作成の目的を踏まえて、書式を検討することになります。

　よく見かける書式の例に、表4のような書式があります。

表4　個別の指導計画の書式例（1）

教科・領域等	実態	指導目標	指導内容	学習評価
国語				
算数				
生活				
自立活動				

　なかには、表5のような書式も見られます。明らかに、自立活動の指導の考え方と異なる書式であり、早急な改善が求められます。

表5　個別の指導計画の書式例（2）

	実態	指導目標	指導内容	学習評価
健康の保持				
心理的な安定				
人間関係の形成				
環境の把握				
身体の動き				
コミュニケーション				

　自立活動の指導における実態把握から指導目標設定に至るプロセスは、先述のとおりですが、日々の授業でみなさんは、何を拠り所に指導目標を設定されているでしょうか。

　例えば、みなさんは、Aさんの今年度の自立活動の指導を担当することになりました。また、みなさんの学校の個別の指導計画の書式は、表4と同じ書式だったとします。Aさんの前年度の個別の指導計画の自立活動の指導目標には「5分間、支持なしで座位を保持することができる」と書かれています。そして、年度末の学習評価の欄には、「十分に達成することができた」と記されていたとしましょう。みなさんは、Aさんに対し、どのような指導目標を設定するでしょうか。

「座位を保持できる時間を7分に延ばしてみよう」「座位を保持できるようになってきたから立位をねらってみよう」「安定した座位の状態で上肢操作を伴う活動を取り入れて認知の力を高めよう」等、指導を担う教師によって様々な指導目標が想定されます。

　では、前年度の指導担当者は、なぜ「5分間、支持なしで座位を保持することができる」ことを指導目標に設定したのでしょうか。「『5分間、支持なしで座位保持ができる』ようになれば、その力を生かして……」と指導仮説があったはずです。しかし、表4の書式で共有できるのは、設定した指導目標と、その指導目標に対する学習評価のみです。前年度の指導担当者がなぜその指導目標を設定したのか、設定に至る思考（指導仮説）を共有することはできません。

　個別の指導計画は、指導の系統性を担保するためのツールです。自立活動については、教科のように学習指導要領に目標の系統性が明示されていません（また、明示することは不可能です）。このことは、学習指導要領は、「この目標を達成したら、次はこの目標の達成をめざす」と教師が判断する際の拠り所とはならないことを意味します。個別の指導計画に、設定した指導目標だけでなく、なぜ、その指導目標を設定することにしたのか、判断の根拠を記述して残さなければ、指導の系統性の担保は難しくなります。

　そこで重要となるのが、本書で紹介する「課題関連図」です。自立活動では、6区分の視点により把握した子どもの実態から課題を整理し、それぞれの課題がその子どもの中でどのように関連しているのかを紐解いて指導目標を設定します。「なぜ、その指導目標を設定することにしたのか」、指導目標の設定に至る教師の思考の足跡となるのが、課題関連図です。

■引用・参考文献

・水原克敏（2005）近代日本の教育課程の歩み．田中耕治・水原克敏・三石初雄・西岡加名恵，新しい時代の教育課程．有斐閣アルマ，17-44.
・文部科学省（2009）特別支援学校学習指導要領解説自立活動編.
・文部科学省（2017）小学校学習指導要領.
・文部科学省（2017）特別支援学校小学部・中学部学習指導要領.
・文部科学省（2018）特別支援学校学習指導要領解説自立活動編.
・日本カリキュラム学会編（2001）現代カリキュラム辞典．ぎょうせい.

第2章

自立活動の授業づくり

1 **実態把握から指導目標・内容の設定に至る手続き**

1　実態把握

（1）　自立活動の6区分から捉えた把握

　自立活動の指導を考えるにあたっては、まず、内容の6区分を窓にして、実態を把握します。自立活動の内容は、人間として基本的な行動を遂行するために必要な要素と、障害による学習上または生活上の困難を改善・克服するために必要な要素を検討したものが示されています。自立活動は、区分や項目を別々に捉え、それぞれの発達のみを促すことを意図して指導するのではありません。個々の幼児児童生徒（以下、児童生徒）に必要とされる項目を選定し、それらを相互に関連づけて具体的な指導内容を設定することが前提となります。そのためには、児童生徒のある側面のみを把握するといった偏った見方に陥ることなく、幅広く多角的な視点で実態を捉えることが必要となります。

　実態把握に際しては、教師の主観のみに左右されることがないよう、行動観察だけでなく、保護者や前担任からの情報の聞き取りも行います。客観的に児童生徒を捉えたりするための工夫も必要です。

　工夫の例として、図1のように、自立活動の内容の6区分ごとに、把握する実態を発達の視点も踏まえて整理した「自立活動チェックリスト」の活用が考えられます。誰とでも安全にできる項目については YES を○で囲み、そうでない項目は NO を○で囲みます。また、各事項の備考欄には、必要となる教師の援助量や達成できている頻度などを簡潔に記載します。そうすることで、NO であっても何が解決されれば達成なのか、達成水準はどの程度なのかが明確になります。

　学年始め（4〜5月）と学年末（2〜3月）の年間2回チェックを行い、1回目は黒、2回目は赤で記入します。1年間の変化を把握することで、指導による児童生徒の変化を客観的に把握することができます。「自立活動チェックリスト」のシートを冊子としてまとめ、一人の児童生徒に対して、同一のものを3年間使用することで、児童生徒の変化を、単年度だけでなく3年スパンで把握すること

自立活動チェックリスト　《人間関係の形成》

指導事項	NO	チェック項目	諸検査等との関連	年 YorN	関	年 YorN	関	年 YorN	関
人への関心	1	特定の教師からのかかわりに対して、視線を向けたり声を出したりするなどの応答が見られる　※「誰に」「どんな様子で」を備考欄に記載	遠：対4M　動：理 ポ：乳児期 MⅡ：コ0～3M	Y　N		Y　N		Y　N	
	2	相手と目が合う	遠：対2M ポ：乳、社～1Y MⅡ：コ0～3M	Y　N		Y　N		Y　N	
	3	特定の教師に対して、自分から視線を向けたり、声を出したりするなどの行動が見られる　※「誰に」「どんな様子で」を備考欄に記載	遠：対5M MⅡ：コ0～3M	Y　N		Y　N		Y　N	

自立活動チェックリスト　《環境の把握》

指導事項	NO	チェック項目	諸検査等との関連	年 YorN	関	年 YorN	関	年 YorN	関
前庭覚	1	姿勢変換を極端に嫌がることはない		Y　N		Y　N		Y　N	
	2	高所や不安定な場所を非常に好んだり、極端に嫌がったりすることはない		Y　N		Y　N		Y　N	
	3	揺れや回転、速さなどの刺激の変化に対する反応を示す		Y　N		Y　N		Y　N	
	4	揺れや回転、速さなどの刺激を非常に好んだり、極端に嫌がったりすることはない		Y　N		Y　N		Y　N	
備考									

図1　「自立活動チェックリスト」（一部抜粋）

ができ、学びの履歴の把握に役立てることもできます。

　なお、チェックした結果に基づき指導目標を検討することになりますが、その際、「NO に○がついた項目」のすべてに着目するわけではないことに留意する必要があります。「YES か NO かどちらを囲むか悩んだ項目」「YES と NO が混在している指導事項」「YES がいくつか続いたあとに NO が続き出したその境目」などが、その年度の指導目標を検討する上で着目すべき課題になりやすいことを理解しておくとよいでしょう。

（2）　現在の生活や進路に関する希望の把握

　現在の生活や進路に関する希望を把握するために、保護者との面談では、以下のような点について聞き取りをします。障害の状態が重度の場合、本人自身が思いを語ることが難しいこともありますが、保護者に本人になったつもりで代弁していただくなど、できるだけ本人の意見も把握するように努めます。

・本人の特長（良さ・好きなこと）
・苦手なこと
・放課後や休日、長期休みの過ごし方
・医療からの情報（関わる上で知っておくべきこと、禁忌事項など）

・進路希望

・着脱衣、入浴、食事、水分摂取、排泄、医療的ケア、姿勢保持、姿勢変換、移動、他者とのやりとりといった日常生活動作に関すること（これらについては、実態や必要とする援助とともに、家族として困っていることや工夫が必要と感じていることなども聞き取っておくと、目標設定の参考となります。）

（3）　学びの履歴の把握

　過去の自立活動の個別の指導計画や指導要録から、指導の対象となる児童生徒が、今までに「何を目標に学んできたのか」「どの程度達成しているのか」を把握します。児童生徒によっては、「目標にしてきたことが、数年間変わっていない」「前年度に達成水準に至っていたにもかかわらず、次年度も同じ目標であった」ということがあるかもしれません。過去の学びを否定的に捉えるのではなく、以下の観点で学びの履歴を整理していくことが大切です。

・自立活動における学習を通して身についたこと

・自立活動における学習を通して身につきつつあること

・自立活動における学習を積み重ねてきたが、まだ十分には身についていないこと

・学習の機会がなかったこと

・教師の援助の量の変化

・児童生徒の行動の正確性や持続できる時間

　例えば、下記のような学びの履歴がある小学部5年生の児童については、姿勢保持や教師の言葉かけに応じることを多く扱ってきたことが分かります。姿勢保持については、肘立て伏臥位にはじまり、座位から立位へと、毎年、目標が変化しています。

小1：肘立て伏臥位での頭部の動き、呼名や言葉かけに対する応答

小2：椅子座位での頭部の保持、言葉かけに対する発声

小3：床座位での上肢での支持、言葉かけに対する発声

小4：立位保持、椅子座位からの立ち上がり、スイッチを押しての遊びの要求

　しかしながら、小学校5年生4月の指導開始時点に、座位保持椅子を活用しても数秒間の座位での頭部保持がままならず、体幹と上下肢の分離や協調が十分には身についていない、という実態があるとすれば、過去の指導においては、目標

の到達状況が次の年度の目標設定に反映されてこなかった、と捉えることができます。その年度に目標としたことが達成には至らなかったことが、次の年度の目標設定の際に考慮されなかったのかもしれない、と考えることができます。また、示された6区分や27項目を別々に捉え、それぞれの発達のみを促すことを意図したのが自立活動ではないにもかかわらず、姿勢運動の発達のみを追いかけて、目標設定が行われてきたのかもしれない、とも考えることができます。

　学びの履歴から、指導の対象となる児童生徒の習得につながりやすい領域とつながりにくい領域、習得に要する時間などを分析・解釈し、学校で指導できる残りの時間を踏まえて、その年度の目標を検討することが大切になります。

（4）　3年後にめざす姿を想定

　自立活動の指導を通して「何（どのような力）を、どこまで」育むのかが明確にされておらず、結果として「できたところまで」で次年度の担当者に引き継ぐ、このような計画性のない指導実践を目にすることはありませんか。「できないことをできるようになるまで」という考え方のみで、毎年同じ指導が繰り返されていることはありませんか。

　個々の児童生徒の実態に即した教育内容の選択に大きな裁量をもつ特別支援学校には、指導に関する説明責任があります。そして、指導の実際を担う教師には、単年度の視点だけで児童生徒の変容を想定するのではなく、「卒業までにこのような力を育み、卒業時にはこのような姿をめざします」と、本人や保護者に語る力が期待されます。

　しかし、特別支援学校の教師にとって、例えば、小学部段階から高等部卒業時の姿を描くことは、容易なことではありません。

　そこで、次の2点が重要となります。1点目は、一木・安藤（2010）が指摘した教師が描く指導の展望の期間を踏まえ、「3年後」の姿を想定して指導を組み立てることです。2点目は、同じ学校を卒業していった先輩の姿や、対象児童生徒の高等部卒業後の進路先として考えられる場で現在生活している方のくらしなどを参考にすることです。

　多くの卒業生の姿に学ぶことができるのが、学校の強みではないでしょうか。個々にめざす姿があるのは当然ですが、学校としてどのような児童生徒を育てようとしているのかを明らかにしておくことが、個々の実態に即した、根拠のある指導、系統的な指導を担保するために重要不可欠となります。

　学校教育目標を達成するために「めざす学校像」「めざす児童生徒像」「めざす教師像」を掲げている学校は多いのではないでしょうか。長崎県立諫早特別支援学校では、その中の「めざす児童生徒像」について、卒業後の視点から捉え直し、卒業までに身につけてほしい力を導き出すことに取り組みました。以下に、その概要を紹介します。

　まず、これまでの卒業生が現在どのような生活を送っているのか、それぞれの生活の場ではどのような力が必要とされているのかを把握することが大切だと考え、卒業生の活動場所となっている福祉事業所等に聞き取りに出かけました。次に、この聞き取りの結果と、現在、在籍する児童生徒の実態や日々の指導における成長過程を踏まえて、学校教育目標や卒業時にめざす姿を協議しました。さらに、卒業時にめざす姿から各学部修了時のめざす姿を具体化する検討を行いました。これらの取組を通して作成したのが「卒業までに身につけさせたい力」マトリクスです。なお、表1は、発達段階が初期の段階にある児童生徒を想定したマトリクスです。

　現在は、本人や保護者、関係機関等と3年後のめざす姿について話し合う際に、このマトリクスを提示するようにしています。本校に新しく赴任した教師も、マトリクスに示された力を個々の児童生徒に応じて具体化する検討を通して3年後のめざす姿を描き、協議に臨むことができるようになってきています。

表1　知的障害特別支援学校小学部1、2段階の各教科を学ぶ児童生徒のマトリクス

○心身ともに健康でたくましく生きる児童生徒

高等部	日常生活の中で自分の気持ちや要求を何らかの手段で伝えることができる。	他者が提示した見慣れない物であっても、見たり触れようとしたりすることができる。	生活リズムを確立し、学校生活を楽しく過ごし、周りに関心を示して学習に取り組むことができる。	日常生活に必要な姿勢保持や移動を状況や人が変わっても安全に行うことができる。
中学部	日常生活の中で他者からの働きかけに対して、相手に分かるように応じることができる。	いくつかのお気に入りの物を介して、他者とやりとりをすることができる。	生活リズムを身に付け、学校生活の中で楽しい時間を増やし、学習に取り組むことができる。	日常生活に必要な姿勢保持や移動を特定の教師と安全に行うことができる。
小学部	日常生活の中で他者からの働きかけに対して、快・不快の表情を出すことができる。	いくつかのお気に入りの物がある。	生活リズムを整え、元気に登校することができる。	日常生活に必要な姿勢保持や基本動作に関する援助を受け入れることができる。
身につけさせたい力	**人に伝える**	**物と関わる**	**生活リズムを整える**	**姿勢保持や移動をより少ない援助で安全に行う**
大項目	**たくましく生きる心**		**たくましく生きる身体**	

○思いやりの心をもち、心豊かに生活する児童生徒

高等部	興味のある対象に向けて、自ら手を伸ばしたり働きかけたりすることができる。	慣れ親しんでいないさまざまな刺激や事象に対して、普段どおりに行動することができる。	会う機会が少ない人に対しても、自ら関わることができる。
中学部	特定の好きな対象以外であっても、見聞きしたり触れたりすることができる。	他者や外界からのさまざまな刺激や事象を受け入れることができる。	話しかけたり働きかけたりした相手に対し、表情や発声、身振りなどで働きかけることができる。
小学部	好きな対象をジッと見聞きしたり、触れ続けたりすることができる。	初めてのことに緊張しながらでも体験することができる。	身近な人に表情や発声、身振りなどで働きかけることができる。
身につけさせたい力	**興味や楽しみをもつ**	**未知・未経験なことに対応する**	**他者へ働きかける**
大項目	**心豊かな生活**		**思いやりのある関わり**

○夢や願いに向けて挑戦し、社会に貢献する児童生徒

高等部	卒業後の進路先の人など誰からの関わりに対しても、自分の思いを表情や発声、身振りなど自分なりの方法で伝えることができる。	人や環境、活動が変わっても落ち着いた気持ちで活動に取り組むことができる。
中学部	担任以外の教師にもコミュニケーション手段のバリエーションを増やし、日常と違う場面でも自ら関わることができる。	人や環境、活動の変化に気づき、それを表すことができる。
小学部	自分の発声や動きで周囲に変化が起きることに気付いたり、その力を使って親や担任などの身近な人と関わることを楽しんだりすることができる。	集団での学習に慣れ、様々な刺激や感触を受け入れることができる。
身につけさせたい力	**相手に分かるように発信する**	**活動の区切りや変化に対応する**
大項目	**自己表現力**	**夢や願いに向かうための力**

2　課題の抽出

　把握した実態から、その年度の自立活動の指導目標設定に必要となる課題をしぼり込んでいきます。

　まず 1（1）と 1（2）で把握した対象となる児童生徒の「できること」「できないこと」「もう少しでできること」「援助があればできること」などを、一つ一つカード（付箋紙等）に書き記し、一枚の用紙に貼っていきます。この紙上は、目標設定に向けて着目すべき「課題」のステージ（以下、「課題ステージ」）と考えてください。

　次に、目標設定に必要な情報を絞り込む段階（＝課題の抽出）です。以下の視点で行います。

　これからの自立活動の指導を通して児童生徒に習得してもらいたいことを考え、目標設定につなぐことが目的なので、すでに「できること」は、課題ステージから下げます。

　「できないこと」「もう少しでできること」「援助があればできること」の中で、1（3）で把握したこれまでの生活から、数年間指導を継続しても習得に至らなかったと判断したことを、課題ステージから下ろします。

　最後に、1（4）で想定した 3 年後や卒業後にめざす姿につながるカードが、課題ステージに残っているかどうかを確認します。また、めざす姿との関連が弱いと判断されるカードについては、課題ステージから下げます。

　以上の手続きを踏まえ、課題ステージに残った実態が、指導の対象となる児童生徒のその年の目標設定を考えるのに必要となる抽出された課題となります。

3　課題関連図

　抽出した課題の一つ一つと他の課題との関連を考えていきます。関連の仕方には、「原因と結果」「相互に関連し合う」といった関係が考えられます。関連を示す矢印を関係の種類によって書き分けると、視覚的に見やすくなったり、説明がしやすくなったりします。課題同士の関連を考えるときには、矢印の根拠として捉えた児童生徒の行動や、なぜそのような関係と解釈したのかを具体的に吹き出しにしてメモをするとよいでしょう。

　また、対象となる児童生徒の自立活動の指導を考える際に、特に重要と考えら

れる関連については、その矢印を太く示すことなども工夫として考えられます。

　この作業をしていくと、「この課題は他の課題と多く結びついている」「この課題は複数の課題の原因となっている」ということを視覚的に捉えることができ、「この課題が解決すれば、他の複数の課題の改善が期待できそうだ」いう指導仮説につなげていくことができます。この手続きを経て、その年度の指導目標を設定する際の中心となる課題が明らかになります。中心となる課題は、他の課題との違いが分かりやすいように網掛けをしたり、太線で囲んだりしておくと、説明の際に効果的です。

　課題関連図の作成をとおして中心課題を導き出す手続きが、自立活動の目標設定の肝となります。一方で、この手続きに難しさを感じられる先生の声も耳にします。「専門的な知識や技能を有する教師を中心として、全教師の協力の下に効果的に行われるようにする」と学習指導要領解説に示されているのが自立活動です。自立活動専任や自立活動部が中心となって、一人の児童生徒の課題や目標について、複数の教師で検討する学校のシステムを構築していきましょう。

4　指導仮説

　指導仮説では、対象となる児童生徒の「現在の姿」をどのように解釈したのか、「どのような姿をめざして」指導するのか、「今、なぜこの指導目標なのか」を明確にすることが大切です。

　まず、課題関連図に基づき、課題相互の関連を文章化します。その上で、1で把握した生活や学びの履歴も踏まえながら、「現在の姿」とその背景について解釈します。この手続きを踏まずに、対象となる児童生徒が現在見せている姿のみにとらわれてしまうと、「できる・できない」の確認に偏重しがちで、その背景について分析をしたり、指導目標や指導内容の設定の根拠を明らかにしたりするのが難しくなってしまいます。

　次に、「どのような姿をめざして」指導するのか、これは、1で検討した「3年後の姿」です。

　そして、「3年後の姿」に向けて、「今、なぜこの指導目標なのか」です。今、取り組む必要があると判断した中心課題について、「なぜ、その課題を今年度の中心課題と判断したのか」を述べていきます。中心課題が改善すると、どのような変容を想定できると考えたのか、今年度の指導の方向性を文章化します。この

際、対象となる児童生徒の指導に際し、教師として大切にすること、手だてを考えていく上での方針についても明文化します。

　以上を経て、いよいよその年度が修了するときに児童生徒にあってもらいたい姿が明らかになります。これが、今年度の自立活動の年間目標となります。これまでの手続きが適切に行われていれば、1 年後に達成することを視野に入れた目標となっているはずです。

5　年間指導目標の設定

　設定した教師以外でも評価ができる指導目標として文章化されているかどうかが大切です。そのためには、授業で引き出したい表情や身体の動き、距離・時間・正確性といった対象となる児童生徒の行動に関することや、援助の種類・量・箇所、場面といった教師の手だてに関することをそれぞれ整理し、具体的に記載します。

6　指導目標を達成するために必要な内容の選定と指導内容の設定

　設定した指導目標は、授業において達成をめざしていくことになります。そのためには、授業で行う具体的な指導内容を設定することが必要となります。

（1）　自立活動の 6 区分 27 項目から目標達成に必要と考えられる項目を選定

　課題関連図で検討した一つ一つの課題を自立活動の内容の 27 項目に照らしながら、設定した指導目標に関係する項目を選定します。例えば「3 分間、座位を保持する」ことが指導目標だから、「身体の動き」の項目だけを選定するという考えは間違いです。人間として基本的な行動を遂行するために必要な要素と、障害による学習上または生活上の困難を改善・克服するために必要な要素が、設定した指導目標に含められ、調和的な発達の基盤を培うものになっているかの確認をするために、この手続きは外すことができません。

　課題関連図で検討した各課題に関する区分の項目が選定されているかの確認が必要です。

（2）具体的な指導内容の設定

　（1）で選定した項目をもとに、具体的な指導内容を設定します。

この際、学習活動と混同せずに、区別することが大切です。ときおり、個別の指導計画や指導案の「具体的な指導内容」の項に、「キャッチボール」や「ペグ差し」などの記載がされているのを目にします。何をねらって、どのようにして、「キャッチボール」や「ペグ差し」を行うのかを明らかにすると、単なる学習活動が具体的な指導内容に変化します。「3メートル離れた教師に届くようにボールを転がしてキャッチボールをする」「写真で示された見本通りにペグ差しをする」などがその例となります。

なお、具体的な指導内容の設定に際しては、授業の形態や指導体制、指導時数なども考慮しますが、個々の指導目標から指導内容を導き出す手続きから外れないことが前提です。集団を構成するすべての児童生徒が取り組める学習活動が優先されるわけではないことを押さえておく必要があります。

（3）設定した指導内容の吟味

設定した各指導内容について、中心課題との関連を確認します。指導内容の設定に際し関連づけた項目に、中心課題に関する項目が十分に含まれていれば（すべての指導内容に含まれていなければならないわけではない）、一定程度、妥当な指導内容を設定できたことになります。

なお、一つの項目にしか関連していない指導内容があれば、それは、自立活動の指導の考え方（項目を関連づけて具体的な指導内容を設定する）に合致しないので、再考が必要です。

逆に、発達が初期段階にある児童生徒の指導では、一つの指導内容に6区分のすべてが関連していると整理しがちですが、どのような力を育むために行う指導内容なのかを明確にするためには、関連づける項目を絞る視点も大切です。

7 　おわりに

1〜6で述べてきた手続きをモデルで示すと、図2のようになります。

教師は児童生徒に行う指導について、どうしても、直接指導に関わる1年間の視点のみで考えてしまいがちです。しかし、学校での学びは、12年間あります。特別支援学校に在籍している児童生徒は何らかの生活上や学習上の困難さを有しています。1年間では習得に時間が足りなかったり、設定した目標の達成に届かなかったりすることもあります。1年間の積み重ねが、3年、6年、12年となっ

ていくことを教師が自覚し、経年的な変化を大切にしながら、指導の成果につなげていくことに貪欲になる姿勢が大切だと考えています。

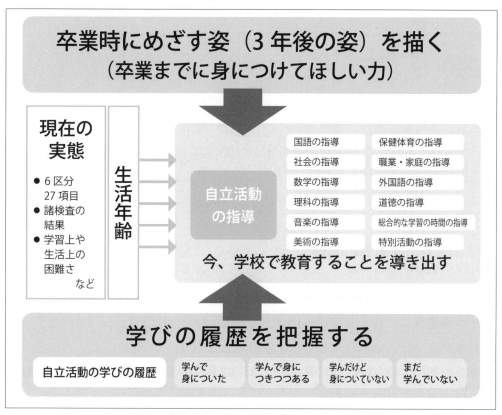

図2　指導目標を導き出すプロセスのモデル

■参考・引用文献
・一木薫・安藤隆男（2010）特別支援学校（肢体不自由）における自立活動を主として指導する教育課程に関する基礎的研究－教師が描く指導の展望に着目して－．障害科学研究，34，179-187．

事例で学ぶ実態把握から指導目標・
内容の設定に至る手続き

　ここでは、自立活動の指導における実態把握から指導目標・内容の設定に至る
手続きについて、事例に則して理解を深めていきます。

1　実態把握

・特別支援学校に在籍する小学部4年生の児童である。

・起因疾患は脳性まひで、肢体不自由と知的障害を併せ有する。

・知的障害特別支援学校各教科の小学部第2段階を学習している。

　自立活動の6区分から捉えた実態は、図1に示すとおりです。

＜健康の保持＞ 体温調節がうまくできずに外気温で体温が左右される。	＜健康の保持＞ 口を常に閉じておくことが難しく、流えんが多い。食べこぼしも多く見られる。	＜健康の保持＞ 尿意を伝えることができ、ほぼトイレで成功する。便座に座らせても出ないことがある。
＜心理的な安定＞ 暗い場所では不安が高まり、過度に緊張してしまう。着ぐるみ（鬼、動物など）が苦手で、パニック状態になる。	＜人間関係の形成＞ 困っている場面でも、慣れている人がいないと援助を求めることができず、黙っている。	＜人間関係の形成＞ 相手の反応を見ながら行動しがちで、相手の言っていることに流されがちである。
＜環境の把握＞ 複数（4つ以上）の絵や写真から指示されたものを探すのに時間がかかったり、間違えたりする。	＜環境の把握＞ 周囲の会話などが気になり、学習に集中できないことがある。	＜環境の把握＞ 視力は眼鏡使用で0.7。右内斜視がある。机上に置かれた物で、右下の物を見落とすことが多い。
＜環境の把握＞ 具体物の類別やマッチング、実物と写真カードを合わせることができる。	＜身体の動き＞ 車椅子などの座位では左側に重心がのっており、食事や学習時に左前方に傾いてくることが多い。	＜身体の動き＞ 歩行器で足を交わして歩くことはできるが、右足が内に入り交差することがある。
＜身体の動き＞ 右手にまひがあり、日常的に左手のみで操作することが多く、両手を協調させた動きは難しい。	＜身体の動き＞ 一人でつかまり立ちを保持することができるが、一人で立ち上がったり、座ったりすることができない。	＜身体の動き＞ 車椅子をこいで教室内は移動できるが、左手のみでこぐため回転してしまい時間もかかる。
＜身体の動き＞ 両手・両膝をついた姿勢は数秒できるが、その姿勢から重心を移動させることは難しい。	＜コミュニケーション＞ 表出手段が限られており、自分の気持ちやしたいことを相手に十分に伝えることができない。	＜コミュニケーション＞ 日常会話などで相手が話している内容はおおむね理解している。
＜身体の動き＞ 肘這いで移動ができる。臥位から座位への姿勢変換はスムーズではないが一人でできる。	＜コミュニケーション＞ 「お茶」「れい」などいくつかの発語はあるが、聞き取れる言葉は少ない。	＜コミュニケーション＞ 問いかけに対してYES／NOでやりとりをすることはできるが、自分からやりとりを始めることが少ない。

図1　対象児の実態

2 「学びの履歴」と「卒業までに身につけてほしい力」を踏まえた課題の抽出

　１で挙げられた実態を「学びの履歴」と「卒業までに身につけさせたい力」の視点から整理し、課題を抽出します。

（１）学びの履歴を踏まえた課題の抽出

学年	年　間　目　標　（達成度）※目標達成度は５段階で示す。（目標達成が５）	
小1	寝返りや肘這いで教室内の行きたい場所に移動することができる。　　　　　　　（5）	教師の問いかけにＹＥＳ（うなずく）／ＮＯ（手を横に振る）で答えることができる。　　　　　　　　　　　　　　（5）
小2	臥位から起き上がって座り、長座を10分程度保持することができる。　　　　　（4）	２枚の写真カードからやりたいものを選択して伝えることができる。　　　　（4）
小3	背もたれのない椅子に３分間座ることができる。　　　　　　　　　　　　　　（4）	号令、あいさつ、要求などを身振りや言葉で伝えることができる。　　　　　（3）

> 　小学部低学年では、床での移動や座位の保持を中心に指導され、一人で安全にできる段階にある。また、背もたれのない椅子にも座ることができるようになってきており、洋式トイレでも手すりがあれば座って排泄できるようになった。
> 　意思の伝達に関しては、ＹＥＳ／ＮＯの表現を身につけ、日常的なやりとりは質問形式で可能になっている。写真カードの選択や身振りなど表出手段は広がりつつあるが、表出言語に関しては３年間でほとんど増えていない。食事においては、口唇を閉じて食べる指導を継続しているが、しっかり閉じることは難しい。

　以上のような学びの履歴から、３つの視点をもとに実態を整理し、次のものは目標設定につながる課題としては捉えないことにしました。

▶ 課題であっても教師が配慮すれば対応できること

<健康の保持>
体温調節がうまくできずに外気温で体温が左右される。

衣服の調整や水分摂取で体温調節が可能である。

<心理的な安定>
暗い場所では不安が高まり、過度に緊張してしまう。着ぐるみ（鬼、動物など）が苦手で、パニック状態になる。

怖がることは仕方がない。事前の予告や離れた場所からの参加などに配慮する。

<環境の把握>
周囲の会話などが気になり、学習に集中できないことがある。

教室環境の整備により改善できる。

▶ できるようになってきたこと、日常に般化していく段階にあること

<健康の保持>
尿意を伝えることができ、ほぼトイレで成功する。便座に座らせても出ないことがある。

<環境の把握>
具体物の類別やマッチング、実物と写真カードを合わせることができる。

<身体の動き>
肘這いで移動ができる。臥位から座位への姿勢変換は、スムーズではないが一人でできる。

<コミュニケーション>
日常会話などで相手が話している内容は、おおむね理解している。

▶ 指導してきたがあまり変容が見られていないこと

<健康の保持>
口を常に閉じておくことが難しく、流えんが多い。食べこぼしも多く見られる。

口唇や舌などの動きを高めることについては、すぐに改善することは難しいと考え、長期にわたる継続課題として捉える。

<コミュニケーション>
「お茶」「れい」などいくつかの発語はあるが、聞き取れる言葉は少ない。

発語を増やすことだけに目を向けるのではなく、他の手段を身につけてコミュニケーションをとることに重点を置く。

（2）「卒業までに身につけてほしい力」を踏まえた課題の抽出

　現在の児童の実態と本人・保護者の願い、過去の卒業生の進路状況などから、予想される高等部卒業後の進路先（生活など）は、『生活介護事業所（簡単な作業や集団活動などが充実している事業所)』　です。

　生活介護事業所でより豊かに生きていくためには、図2に示すような力が必要であることを踏まえながら、「3年後（小学部卒業時）」の姿を設定するようにしました。

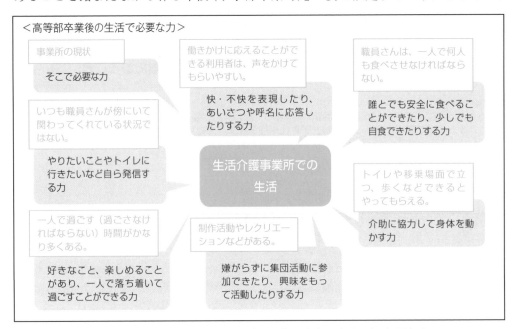

図2　高等部卒業後の生活で（より豊に生きるために）必要な力

【3年後の姿】
トイレや車椅子への移乗で援助に応じて立ち上がったり足を交わしたりすることができ、やりたいことや困ったこと等を自らいろいろな人に伝えることができる。

▶「高等部卒業後の姿」「3年後の姿」をイメージして、整理したこと

＜身体の動き＞	＜身体の動き＞	＜身体の動き＞
右手にまひがあり、日常的に左手のみで操作することが多く、両手を協調させた動きは難しい。	両手・両膝をついた姿勢は数秒できるが、その姿勢から重心を移動させることは難しい。	車椅子をこいで教室内は移動できるが、左手のみでこぐため回転してしまい時間もかかる。
簡単な作業につなげていくために大切な課題である。しかし、現段階では、右肘で体幹を支える、両手で手すりにつかまるなど姿勢を保持する学習で右手を使うように指導していく。	日常生活で両手・両膝をついた姿勢をとる機会は少ない。学習の要素として扱うこととする。	将来的に自分で車椅子をこいで移動することは現実的ではない。今後、電動車椅子の使用を検討していく。

（3）抽出された課題同士の関連

　児童の実態を把握し、「学びの履歴」と「卒業までに身につけさせたい力」の視点から整理し、抽出された課題が図3に示しているそれぞれのカードになります。

図の内容：

＜コミュニケーション＞
表出手段が限られており、自分の気持ちやしたいことを相手に十分に伝えることができない。

＜身体の動き＞
車椅子などの座位では左側に重心がのっており、食事や学習時に左前方に傾いてくることが多い。

＜人間関係の形成＞
相手の反応を見ながら行動しがちで、相手の言っていることに流されがちである。

＜身体の動き＞
歩行器で足を交わして歩くことはできるが、右足が内に入り交差することがある。

＜環境の把握＞
視力は眼鏡使用で0.7。右内斜視がある。机上に置かれた物で、右下の物を見落とすことが多い。

＜人間関係の形成＞
困っている場面でも、慣れている人がいないと援助を求めることができず、黙っている。

＜環境の把握＞
複数（4つ以上）の絵や写真から指示されたものを探すのに時間がかかったり、間違えたりする。

＜身体の動き＞
一人でつかまり立ちを保持することができるが、一人で立ち上がったり、座ったりすることができない。

＜コミュニケーション＞
問いかけに対してYES／NOでやりとりをすることはできるが、自分からやりとりを始めることが少ない。

図3　実態把握から抽出された課題

　そして、1枚のカードと他のカードとの関連を考えていきます。関連には、「原因と結果」「相互に関連し合う」といった関係が考えられ、それぞれの課題の関連性を矢印で示し、視覚的に捉えていくようにします。図4、図5に示すように、なぜそのような関係と解釈したのかを吹き出しにして説明します。

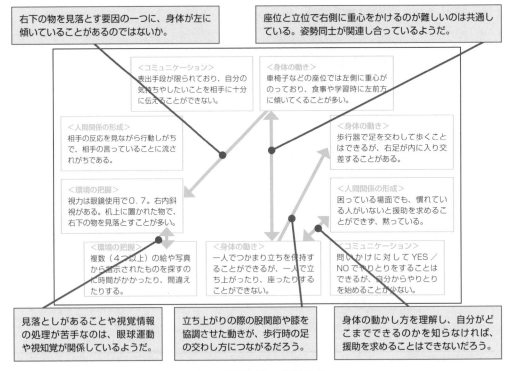

図4　課題関連の視覚化①

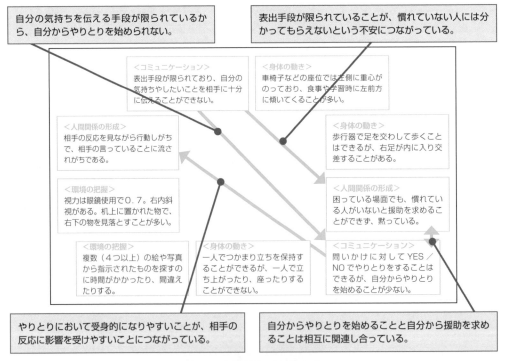

図5　課題関連の視覚化②

（4）中心課題の導き出し

　実態把握から抽出された課題同士の関連性を視覚的に示したものが、図6の課題関連図です。課題関連図を見てみると、「＜身体の動き＞立ち上がり動作」に関する課題が、他の多くの課題と結びついていることが分かります。また、「＜コミュニケーション＞意思の伝達」に関する課題が矢印の起点になっています。

　このことから、図6の中の太枠で囲った2つの課題を本児童の中心課題と捉えることができました。

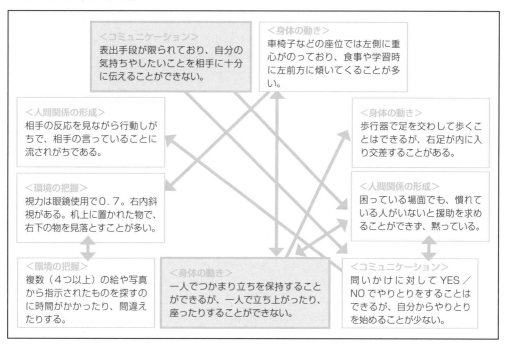

図6　課題関連図

3　指導仮説と指導目標

　1 〜 2 のプロセスを踏まえ、以下のような指導仮説と 1 年後の指導目標を設定しました。

【指導仮説】

　立位で重心移動や膝と股関節を協調させた動きなどを身につけていくことで、足を交わしたり自分で身体の向きを変えたりするなど、トイレや車椅子などへの移乗動作の向上につながると思われる。姿勢保持の学習においては、手すりを両手で持つ、右肘で体幹を支えるなど右上肢の使用を促していくことが、将来の作業の中で利き手と補助手を協調した動きにもつながるので、意図的に指導していく。

　また、コミュニケーションの手段を身につけていくことで、自ら要求を伝えたり援助を依頼したりできるようになるのではないか。そのことが、主体的なやりとり、関わる人の広がりにつながると思われる。言葉以外の写真カードや機器を活用しながら、自分の気持ちが伝わったという経験を重ねていくことが大切である。コミュニケーション手段は、写真カードなどをめくることに時間がかかることから、提示された 5 〜 6 枚の選択肢から指差しで選ぶ方法と身振りで指導していくこととする。機器を操作する力や目の使い方など、身体の動きや環境の把握の内容を関連付けて指導していく。

指導目標	① 車椅子から 80cm の高さの手すりに両手でつかまって立ち上がったり座ったりすることができる。 ② 学級の教師（担任以外）に発声で呼びかけ、やりたいことを写真や機器などを活用して伝えることができる。

4　指導目標の達成に必要な内容の選定と指導内容の設定

　指導目標を達成するために必要な項目を課題関連図などを参考にしながら選定し、それらを相互に関連づけ具体的な指導内容を設定します。指導目標ごとに以下に示します。

指導目標	① 車椅子から 80cm の高さの手すりに両手でつかまって立ち上がったり座ったりすることができる。

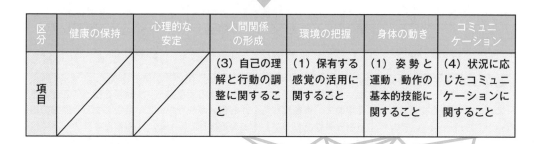

区分	健康の保持	心理的な安定	人間関係の形成	環境の把握	身体の動き	コミュニケーション
項目			(3) 自己の理解と行動の調整に関すること	(1) 保有する感覚の活用に関すること	(1) 姿勢と運動・動作の基本的技能に関すること	(4) 状況に応じたコミュニケーションに関すること
具体的な指導内容	教師の働きかけに応じて、体幹、肩、肘、股関節、膝、足首の筋緊張をゆるめる。	膝立ちや両手・両膝をついた姿勢で、股関節を曲げたり伸ばしたりする。		立位や膝立ちで、前後左右に重心を移動したり元の位置に戻したりする。		手すりにつかまって、椅子から立ち上がったり座ったりする。

指導目標	② 学級の教師（担任以外）に発声で呼びかけ、やりたいことを写真や機器などを活用して伝えることができる。

区分	健康の保持	心理的な安定	人間関係の形成	環境の把握	身体の動き	コミュニケーション
項目			（2）他者の意図や感情の理解に関すること	（1）保有する感覚の活用に関すること （5）認知や行動の手掛かりとなる概念の形成に関すること	（3）日常生活に必要な基本動作に関すること	（2）言語の受容と表出に関すること （4）コミュニケーション手段の選択と活用に関すること

具体的な指導内容	カルタゲームで複数のカードから指示されたカードを選ぶ。	困った場面や要求がある場面で、声を出したり手を挙げたりして教師を呼ぶ。	4枚以上の写真カードから自分がやりたいことを選択して伝える。	機器を使って友達の呼名をしたり、週末の出来事を写真カードで伝えたりする。

　上記の目標②は、「コミュニケーション」を中心とした目標ですが、「コミュニケーション」の内容だけではありません。「人間関係の形成」「環境の把握」「身体の動き」の内容を適宜組み合わせることによって、具体的な指導内容を設定します。

　例えば、絵や形を捉える力、目の使い方を高め、理解できる言葉を増やしていくために「カルタゲームで複数のカードから指示されたカードを選ぶ」と設定しました。また、状況を理解し、人を呼ぶ手段を身につけ、実践できることをめざして「困った場面や要求がある場面で、声を出したり手を挙げたりして教師を呼ぶ」を設定しました。

　このように指導目標を達成するために必要な具体的な指導内容は、いくつかの項目が関連するものになります。自立活動の指導目標達成のためには、決して一つの区分の内容だけが選定され、具体的な指導内容が設定されるものではありません。実態把握から課題関連図作成のプロセスを踏まえることで、指導目標の達成に必要な項目が見えてきます。そして、それらを相互に関連づけ、子どもの興味関心を生かしながら、具体的な指導内容を設定していくことが大切です。

3 小中学校の通常学級で学ぶ子どもに対する自立活動の指導

　特別な教育的ニーズのある子どもは、小学校や中学校にも在籍しています。特別支援学級や通級による指導においては、自立活動を教育課程に位置づけ、指導することが求められます。これに対し、通常学級の教育内容に自立活動は存在しないため、その時間を設けることができません（図1）。個々の教育的ニーズを踏まえ、各教科等の指導目標の達成に必要な手だてを工夫し、子どもが学習に取り組みやすい配慮を検討することになります。その他にも、休み時間や放課後に行う個別の指導が考えられます。

在　籍	自立活動の時間
通常学級	設定できない
	通級による指導においては、設定しなければならない
特別支援学級	設定しなければならない
特別支援学校	設定しなければならない

図1　教育課程上の自立活動の時間の有無

　通級による指導の対象については、学校教育法施行規則により、「一．言語障害者、二．自閉症者、三．情緒障害者、四．弱視者、五．難聴者、六．学習障害者、七．注意欠陥多動性障害者、八．その他障害のある者で、この条の規定により特別の教育課程による教育を行うことが適当なもの」とされています。通級による指導を利用する子どもの数の推移を次頁の図2に示しました。

　通級による指導の標準時数については、年間35単位時間から280単位時間まで、学習障害者及び注意欠陥多動性障害者については、月1単位時間程度の指導も十分な教育的効果が認められる場合があることから、年間10単位時間から280単位時間まで、とされています。平成18年6月の学校教育法施行規則一部改正では、この通級における指導時間のすべてを教科指導の補充に充てることも可能となっていました。しかし、教科指導の補充だけで、通級による指導が必要となった子どもの実態やその背景を理解し改善を図ることができるでしょうか。通常学級に

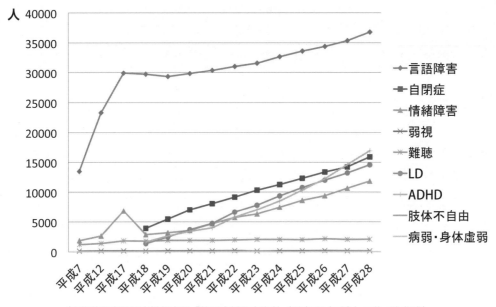

（文部科学省特別支援教育課「特別支援教育資料（平成28年度）」に基づき作成）

図2　通級による指導を利用する子どもの数の推移

おける学習状況の改善を図るためには、学習上や生活上の困難そのものの改善を
図る自立活動の指導が不可欠です。

　そこで、学校教育法施行規則の一部を改正する省令等の公布について（通知）
（平成28年12月9日）では、「小学校、中学校、義務教育学校、高等学校又は中
等教育学校における障害に応じた特別の指導は、障害による学習上又は生活上の
困難を改善し、又は克服することを目的とする指導とし、特に必要があるときは、
障害の状態に応じて各教科の内容を取り扱いながら行うことができるものとする
こと」が示されました。また、平成29年3月告示の小学校や中学校の学習指導
要領総則には、「障害のある児童（生徒）に対して、通級による指導を行い、特
別の教育課程を編成する場合には、特別支援学校小学部・中学部学習指導要領第
7章に示す自立活動の内容を参考とし、具体的な目標や内容を定め、指導を行う
ものとする」こと、「障害のある児童（生徒）などについては、家庭、地域及び
医療や福祉、保健、労働等の業務を行う関係機関との連携を図り、長期的な視点
で児童（生徒）への教育的支援を行うために、個別の教育支援計画を作成し活用
することに努めるとともに、各教科等の指導に当たって、個々の児童（生徒）の
実態を的確に把握し、個別の指導計画を作成し活用することに努めるものとする。
特に、特別支援学級に在籍する児童（生徒）や通級による指導を受ける児童（生徒）

については、個々の児童（生徒）の実態を的確に把握し、個別の教育支援計画や個別の指導計画を作成し、効果的に活用するものとする」ことが明記されました。

　「個別の指導計画」の作成に際しては、計画にどのような情報を盛り込むかを吟味することが大切です。各教科等における指導目標の達成に必要な手だてを工夫し、子どもが学習に取り組みやすい配慮を検討するためには、子どもの学びにくさの背景を理解する視点が欠かせません。自立活動の時間の有無にかかわらず、自立活動の視点で把握した子どもの実態について「個別の指導計画」に記載することが重要ではないでしょうか。

第3章

事例で理解を深める
個々の実態に応じた
指導目標・内容の設定

事例の見方

　本書では、様々な障害のある子どもの学習上又は生活上の困難を想定し、事例を選定しました。特別支援学校に在籍する子どもたちだけでなく、小・中学校の通常学級で学ぶ子どもたちについても取り上げています。

　たとえ子どもの実態が多様であっても、自立活動の指導の考え方は共通です。自立活動の指導の考え方について、1 ～ 6 の手順で整理しました。具体的な事例に即して理解していただければ幸いです。

1 実態把握

　ここでは、子どもが学ぶ教育課程や在籍する学部・学年について示しています。その上で、現在に至る生活や学びの履歴と、自立活動の 6 区分から捉えた現在の実態、そして、想定する 3 年後の姿を記しています。

　子どもはこれまでどのような自立活動の指導を受けて、その結果、どのような力をつけてきたのか（あるいは、伸び悩んでいるのか）、自立活動の内容 6 区分から捉えた現在の実態や学年（生活年齢）を踏まえながら、3 年後の姿を描く段階です。

2 課題の抽出

　1 の実態の中から、今年度の指導目標を導き出す上で着目する必要のあるものを「課題」として抽出する段階です。

3 課題関連図

　2 で抽出した課題同士がどのように関連しているのかを紐解く段階です。実態把握の際に、教師が子どもを捉える視点を「健康の保持」「心理的な安定」「人間

関係の形成」「環境の把握」「身体の動き」「コミュ
ニケーション」と変えることで、多様な課題が
浮き彫りとなります。それぞれの課題が一人の
子どもの中でどのように影響し合っていると考
えられるのか、子どもに対する理解を深め、指
導の方向性を検討する段階です。

4 指導仮説

3で整理した課題関連図（子どもに対する理解）に基づ
き、今、どのような力を育むことが大事なのか、そのため
にどのような指導が必要と考えるのかを、指導仮説として
文章化する段階です。

5 設定した指導目標

4の指導仮説に基づき設定した指導目標を記しています。

6 指導目標を達成するために必要な内容の選定と指導内容の設定

5の指導目標を達成するための指導内容を、導き出すプロセスとともに示して
います。

なお、この後に示す各事例の課題関連図は、一つの考え方として整理したもの
です。実態で共通する点が多い子どもでも、学びの履歴が異なれば、課題や課題
関連図は変化します。みなさんが担当されている子どもに、自立活動として、今、
何を指導するのか、考える主体はみなさんです。その際の参考になれば幸いです。

01　視覚障害のある子どもに対する　事物や動作と言葉を対応させるための指導

1　実態把握

小学部5年生　男子　視覚障害（全盲）

・知的障害特別支援学校の各教科の小学部第2段階を学習している。
・手が汚れたり物に触ったりすることが苦手で、手を使った探索などをしたがらない。

●6区分から捉えた実態

【3年後の姿】中学部2年生・・・
日常の生活空間であれば、教師の指示（「教室の後ろのロッカーからファイルを持ってきましょう」等）に沿って行動できるようになってほしい。

<健康の保持>
体調不良時に眼振が多く見られる。

<健康の保持>
昼夜が逆転しやすく、日中にぼんやりすることがある。

<健康の保持>
健康状態は安定しており、欠席はほぼない。

<心理的な安定>
新しいことや予定の変更に落ち着いて対処をするのが難しい。

<心理的な安定>
情緒が不安定になると、自傷や他傷をすることがある。

<人間関係の形成>
気に入ったフレーズを繰り返し、教師からの働きかけに応えない。

<人間関係の形成>
相手の気持ちを考えずに話してしまい、怒らせてしまうことがある。

<環境の把握>
視覚的な情報を得ることができない。

<コミュニケーション>
身近な事物の名前が理解できていないことがある。

<環境の把握>
聞こえた言葉や曲を断片的に覚えることがある。

<環境の把握>
特定の音に過敏に反応することがある。

<環境の把握>
聴覚からの情報に頼りがちで、手を使って探索するような様子が見られない。

<身体の動き>
学校内や自宅内以外の場所を安全に移動することが難しい。

<身体の動き>
両手を協調させた活動にぎこちなさがある。

<コミュニケーション>
状況と関係のない話を始めることがある。

【これまでの生活、学びの履歴】
・状況と関係ないことを教師に話しかけてきたり、独り言を言ったりすることが多かった。
・自立活動では、点字や白杖を使った歩行に取り組んできた。歩行の際は、白杖を持ち続けることができるようになった。

2 課題の抽出

【これまでの生活、学びの履歴から】

　全盲のため、視覚を活用して情報を得ること自体に関しては、指導の中で改善することは難しいと判断した。身近な事物や動作と言葉を結びつける指導については、国語の時間を中心に学校生活全般を通して適宜指導を行ってきた。入学当初に比べると、言葉と結びついた動作が少しずつ増えてきており、教師の言葉かけだけでできる動作が増えている。自立活動の指導としては、他者からの働きかけを受け止め、それに応じながら事物を的確に捉えるために必要となる「手を使った探索の力」をつけることが重要であると考えた。

【3年後の姿から】

　高等部の職場実習や卒業後の生活も視野に入れると、中学部段階では他者との関わりの中で主体的に行動できるようになってほしい。そのために、まずは、教師とのやりとりを通して人に対する基本的な信頼感をもち、他者からの働きかけを受け止めて応じることができるようになるとともに、視覚以外の他の感覚（主に触覚など）を活用する力を身につける必要がある。

3 課題関連図

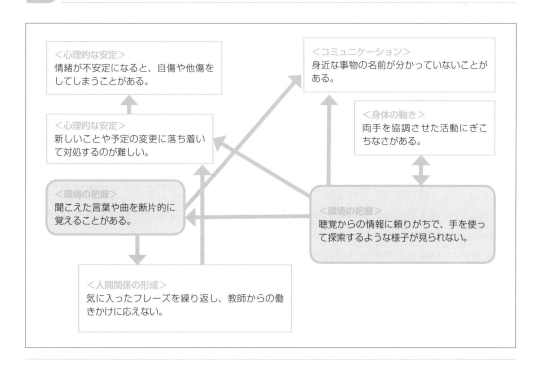

4　指導仮説

【3 年後の姿】中学部 2 年生 ⋯
日常の生活空間であれば、教師の指示
（「教室の後ろのロッカーからファイルを持ってきましょう」等）
に沿って行動できるようになってほしい。

【1 年後の姿】
机上にある箱の中から教師が指示した物を
取り出すことができる。

【指導仮説】

　自ら物に手を伸ばしたり、物を握ったりするようになれば、触覚を活用して対象物を認識する力が高まると期待できる。その際に、教師が言葉を添えることにより事物と対応した言葉の理解を図り、概念の形成につなげていきたい。これらの力を育む指導の前提として、教師の働きかけを受け入れて応じる力が不可欠となる。そこで、教師との身体を通したやりとりを通して、人に対する基本的な信頼感を抱かせ、他者からの働きかけを受け止めて応じる力を培っていきたい。

【課題関連図に基づく A さんの現在の姿の解釈】

　聴覚からの情報に頼り、手を使って探索しようとしないことが原因で、触覚を活用した情報の入手ができず、言葉の断片的な理解に至っているのではないか。聞いたことがある言葉を意味を理解しないまま繰り返すことも多く、結果として教師や他者からの働きかけに応えないこともある。このように状況の理解が断片的になりがちであることが、新しいことや予定の変更に対して情緒が不安定になったり、自傷行為をしたりすることにも影響しているのではないかと考えた。

5 設定した指導目標

机上にある箱の中から教師が指示した物を取り出すことができる。

6 指導目標を達成するために必要な内容の選定と指導内容の設定

区分	健康の保持	心理的な安定	人間関係の形成	環境の把握	身体の動き	コミュニケーション
項目			（1）他者とのかかわりの基礎に関すること	（1）保有する感覚の活用に関すること （5）認知や行動の手掛かりとなる概念の形成に関すること	（5）作業に必要な動作と円滑な遂行に関すること	

具体的な指導内容	教師と一緒に身体を動かしながら簡単なやりとりをする。（ぎっこんばったん、ひっぱりっこなど）	教師の働きかけを受け入れながら、一緒に身近な物に触り、言葉と一致させる。	教師が指示した物を2つの中から選択して取る。（選択肢の数を徐々に増やす）

Point

■この事例を考えるうえでのポイント

・視覚障害そのものを課題に挙げてしまうと、指導目標を導き出しにくくなるので、視覚障害に起因する学習上や生活上の困難さに目を向けるようにする。
・各教科等の学習や日常生活の中で行える指導及び配慮と、自立活動の指導として行う必要のある指導とを区別して考える。
・指導に際しては、視覚的な情報を得ることが難しいことによる心理的な不安に配慮する。

02 場所や位置の把握が困難な視覚障害のある子どもの指導
～目的地への安定した移動につなげるために～

1 実態把握

中学部1年生　女子　視神経低形成　視力：両眼で0.06　視野：下部欠損

・思考や判断に時間を要するが、概ね小学校高学年相応の学力を有している。
・聞いたり触れたりした一部のことから、全体の構成を考えるのが難しい。

> 【3年後の姿】高等部1年生・・・
> 学校の敷地内であれば、屋内外を問わず、教師が指示した
> 目的地に安全に移動することができるようになってほしい。

●6区分から捉えた実態

<健康の保持>
自分の見え方を理解しているが、周囲の物に触れるなどして確認することは習慣づいていない。

<健康の保持>
体調不良時に眼振が多く見られる。

<健康の保持>
健康状態は安定しており、欠席はほぼない。

<心理的な安定>
場所や活動内容の変化に落ち着いて対処をするのが難しい。

<人間関係の形成>
他者の喜ぶことに対して積極的に取り組む。

<人間関係の形成>
自分と異なる意見や助言などを受け入れるのが難しい。

<人間関係の形成>
経験不足により、行動の調整や援助の依頼等、場面や状況に応じた判断が難しい。

<環境の把握>
視野の半分程度が欠損しており、見える範囲が限られている。

<環境の把握>
くぐったり、わたったり、またいだりする動きにぎこちなさがある。

<環境の把握>
大きな音や急な音に極端に驚くことはない。

<環境の把握>
自分の体の左右・上下・前後は分かるが、目的地との位置関係を的確に把握するのが難しい。

<身体の動き>
校舎内や自宅内以外の場所を安全に移動することが難しい。

<身体の動き>
洗面や入浴などは適切に安全に行うことができる。

<身体の動き>
食事や着替えなどにおいて、食べこぼしや向きの間違いがあり、教師の見守りが必要である。

<コミュニケーション>
挨拶を自ら行い、敬語を話そうと努めている。

<コミュニケーション>
相手に分かりやすいように、ゆっくりと明瞭に話すことが難しい。

【これまでの生活、学びの履歴】
・歩行の間は、白杖を持ち続けることができるようになった。
・障害物があると、手を伸ばしたり白杖を当てたりして、探索するようになってきた。
・これまでの自立活動で、身体各部位を協調させて動かす学習には取り組んでいない。

2 課題の抽出

【これまでの生活、学びの履歴から】

　学期に数回、体調不良時に眼振が多く見られることがあるが、主治医との情報交換において、その頻度や程度であれば様子観察のレベルであることが確認されたため、配慮事項として扱うこととする。

　食事や着替えについては、これまでも給食時間や体育の前の時間に適宜指導を行ってきた。入学当初に比べると、食べこぼしたり、服の向きを間違ったりすることが減ってきた。しかし、今後のさらなる上達のためには、食べこぼしや向きの間違いの要因となっている、自分と物との距離感や位置関係を把握する力を高める必要がある。

【3年後の姿から】

　3年後は高等部1年生になる。学年進行に伴い、少しずつ行動範囲が広がってきたので、学校敷地の屋内外の状況や環境に対応できる力をつけていく必要がある。視野の半分程度が欠損しており見える範囲が限られているので、保有する視力や視野の活用と合わせて、聴覚や触知覚などの感覚を活用する力を身につける指導が重要となる。

3 課題関連図

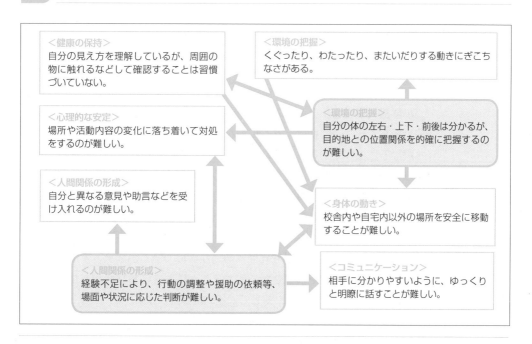

4　指導仮説

【3 年後の姿】高等部 1 年生・・・
学校の敷地内であれば、屋内外を問わず、教師が指示した
目的地に安全に移動することができるようになってほしい。

【1 年後の姿】
校内の 1 階・2 階にある特別教室やトイレの場所と名称を一致させ、
校内の階段の昇降を安全に行うことができる。

【指導仮説】

　対象物や目的地の位置や方向を適切に把握する力がつくことで、周囲の状況を的確に捉え、安全に移動できるようになると考える。そのことによって、自ら把握した状況の中で落ち着いて活動に取り組んだり、未知のことに対しても取り組もうとする姿勢が身についてくるのではないか。また、移動範囲の拡大により出会う様々な場面や状況において、どのような行動が望ましいかを考える経験を重ねる中で、多様な意見も受け入れながら自らの行動を判断する力や、相手に分かりやすく話す力も向上していくと考える。一つ一つの活動において、安全を確保した上で、本人が有している機能を存分に活用し、試行錯誤を経て判断を導き出せるような場の設定をしていく。

【課題関連図に基づく B さんの現在の姿の解釈】

　小学部入学当初から、週 2 回の自立活動の時間においては、白杖歩行に取り組んできた。当初は、すぐに白杖を放していたが、歩いている間は持ち続けることができるようになり、障害物があると白杖を当てて探索するようにもなった。一方、安全確保のため教師がずっとそばにいて、環境や外界を把握する際に予測を促す言葉かけを行ってきた。その結果、自ら探索したり、試行錯誤を経て判断したりする経験を十分に積むことができず、自ら他者に尋ねて必要な情報を獲得し状況を把握する、必要な援助を依頼するなどの場に応じた行動を判断する力が身についていない。また、歩行に必要な身体各部位を協調させて動かすことにもぎこちなさがあり、疲れやすかったり、歩行の学習に対して消極的だったりする。

5 設定した指導目標

　校内の1階・2階にある特別教室やトイレの名称を教師が指示すると、その場所に安全に移動することができる。

6 指導目標を達成するために必要な内容の選定と指導内容の設定

区分	健康の保持	心理的な安定	人間関係の形成	環境の把握	身体の動き	コミュニケーション
項目	(4) 障害の特性の理解と生活環境の調整に関すること	(2) 状況の理解と変化への対応に関すること	(3) 自己の理解と行動の調整に関すること	4) 感覚を総合的に活用した周囲の状況についての把握と状況に応じた行動に関すること (5) 認知や行動の手掛かりとなる概念の形成に関すること	(4) 身体の移動能力に関すること	
具体的な指導内容	左右、前後、○番目、△△の隣などの表現を含んだ発問に対して、特別教室やトイレの場所を正しく答える。	一人で解決するのは難しい課題に対して、自ら教師に質問や援助の依頼をする。		向きや動きについての音声ガイドに従って、ラジオ体操を適切に行う。	教室から2階の倉庫まで、片手で持てる教材を運ぶ。	

Point

■この事例を考えるうえでのポイント

・視覚障害そのものを課題に挙げてしまうと、指導目標が導き出しにくくなるので、視覚障害に起因する学習上や生活上の困難さに目を向けるようにする。

・移動の学習における子どもと教師の距離については、学習活動に「取り組み始めた時期」と子どもが「慣れてきた時期」で変化させることを前提に、そのときの最適な距離の検討に努める。

・子どもが保有する聴覚や触知覚を活用して弁別や判断ができるように、位置や場所を特徴づけるようにする。

03 他者との関わりにおいて消極的な 聴覚障害のある子どもの指導
~場や相手の状況に応じたコミュニケーション~

1 実態把握

中学部1年生　男子　感音性難聴　聴力：両耳聴力レベル70dB（高度難聴）

・質問に対する受け答えはできるが、自分から話をしたり、関わりをもとうとしたりすることが少ない。
・下学部適用の教育課程で、小学校3、4年生の目標・内容の学習に取り組んでいる。

● 6区分から捉えた実態

【3年後の姿】高校1年生・・・
相手や状況に応じて、適切なコミュニケーション手段を選択して伝えたり、
自分が受け止めた内容に誤りがないか確かめたりして、他者と積極的に
関わることができるようになってほしい。

<健康の保持>
場や時などの状況によって聞こえの程度が変化することに十分に気づいていない。

<人間関係の形成>
会話などの情報を把握できず、ルールなどが分からずに集団に入れないことがある。

<心理的な安定>
過去の失敗経験により、自分に対する自信がもてず、健聴者だけでなく、聴覚障害（ろう）者に対しても、自ら関わることに不安を抱いている。

<コミュニケーション>
主に音声でやりとりをするが、文字を用いることもある。携帯のメールを使って、家族とやりとりをすることができる。

<環境の把握>
補聴器を装用しているが、聴覚情報だけでは、周囲の状況などを把握することが難しい。

<コミュニケーション>
言葉の正確な理解が難しいことがある。

<コミュニケーション>
十分に理解できていない場合でも、分かっているように振る舞ってしまうことがある。

<コミュニケーション>
手話ができないため、聴覚障害（ろう）者の友人との会話において、円滑なコミュニケーションを図ることができない。

【これまでの生活、学びの履歴】
・小学校の特別支援学級から、聴覚特別支援学校中学部に入学した。
・出来事を順序立てて話したり、書かれた内容を理解したりする力がついてきた。

2 課題の抽出

【これまでの生活、学びの履歴から】

　小学校で在籍していた特別支援学級では、自立活動の指導の時間は設定されていなかった。国語の時間に、個別指導の形で、話し言葉の聞き取りや出来事を順序立てて話すことに取り組み、書いてあることを理解する力も身についてきた。一方で、小学校生活においては、通常学級の子どもも含めた友達との会話や周囲の状況を把握できずに、集団に入れないことが多かった。

【3年後の姿から】

　聴覚特別支援学校中学部に入学してからは、手話が理解できずに友達とのコミュニケーションがうまくとれていない。今後の高等部の学校生活、さらには卒業後の社会生活に主体的に参加するためには、相手や状況に応じて、適切なコミュニケーション手段を選択して伝えたり、自分が受け止めた内容に誤りがないか確かめたりして、他者と積極的に関わることができる力を身につける必要がある。

3 課題関連図

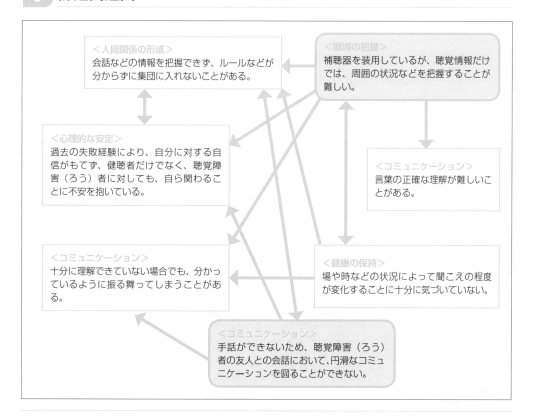

4　指導仮説

【3年後の姿】　高校1年生・・・
相手や状況に応じて、適切なコミュニケーション手段を選択して伝えたり、
自分が受け止めた内容に誤りがないか確かめたりして、他者と積極的に関わる
ことができるようになってほしい。

【1年後の姿】
手話や指文字を身につけて、会話での相手からの情報を正確に
把握することができる。

【指導仮説】

　本人の聴力に応じた補聴器の調整と並行して、手話や指文字を学習し、適切なコミュニケーション手段の選択・活用ができるようになることで、円滑なコミュニケーションを図れるようになるのではないか。また、多様な手段を活用して積極的にコミュニケーションを図れるようになることで、会話の情報や周囲の状況等を的確に把握し、安心して集団に入っていけるようになるのではないか。

【課題関連図に基づく C さんの現在の姿の解釈】

　補聴器を装用しているが、聴覚情報だけでは周囲の状況等を適切に把握することが難しいことや、手話や指文字が理解できないことから、集団の中に入ったり、コミュニケーションをとったりすることに不安を抱いている。また、過去の失敗経験により自信をもてず、自ら積極的に人とコミュニケーションを図ることをためらってしまい、よく分からないままでも済ませてしまうと考えられる。

5 設定した指導目標

手話や指文字を身につけて、会話などの情報を把握することができる。

6 指導目標を達成するために必要な内容の選定と指導内容の設定

区分	健康の保持	心理的な安定	人間関係の形成	環境の把握	身体の動き	コミュニケーション
項目	(4) 障害の特性の理解と生活環境の調整に関すること 環境の把握	(3) 障害による学習上又は生活上の困難を改善・克服する意欲に関すること	(4) 集団への参加の基礎に関すること	(3) 感覚の補助及び代行手段の活用に関すること (4) 感覚を総合的に活用した周囲の状況についての把握と状況に応じた行動に関すること		(4) コミュニケーション手段の選択と活用に関すること (5) 状況に応じたコミュニケーションに関すること

具体的な指導内容	生活に関する手話の単語や指文字を知るとともに、相手の話をおおまかに読み取ったり、手話などを活用して自分のことを伝えたりする。	自分の好きな漫画を題材にして、その内容を手話などで表現し、友達におもしろさを伝えるとともに、伝わった喜びを自分で感じとる。	会話の内容が分からないときや自分の受け止め方に自信がないとき、「手話が分からないことを相手に伝える」「筆談を求める」など相手や状況に応じた手段を選択する。

Point

■この事例を考えるうえでのポイント

・補助手段の選択・活用にあたっては、聴覚障害の程度や発達の段階、本人の意思等を総合的に勘案する。

・他者との関わりに対する意欲や自信の喚起、関心や人間関係の拡大等にも留意する。

04 聴覚障害のある子どもの聞く力を高める指導
～補聴器の活用と視覚の活用～

1 実態把握

小学部2年生　男子　感音性難聴　聴力：両耳聴力レベル80dB（高度難聴）

・聴覚障害特別支援学校に在籍し、当該学年の目標・内容で学習している。

・大事なことを聞き落としてしまい、話題に沿って話ができないことがある。

● 6区分から捉えた実態

【3年後の姿】小学部5年生・・・
保有する聴覚や指文字等を適切に選択・活用して会話の内容を的確に把握し、必要に応じて相手に質問しながら確認することができるようになってほしい。

＜健康の保持＞
補聴器の電池が切れても自分で交換することがない。

＜心理的な安定＞
集団活動の場において、不安になることがある。

＜コミュニケーション＞
主に音声でやりとりをする。指文字はおおよそ理解している。

＜人間関係の形成＞
友達と集団でゲームをするとき、長続きせずトラブルになることがある。

＜コミュニケーション＞
言葉の正確な理解が難しいことがある。

＜人間関係の形成＞
相手の言っていることがなかなかつかめずに、自己中心的に捉えやすい。

＜コミュニケーション＞
文法に即した適切な表現ができない場合がある。

＜環境の把握＞
言葉の聞き取りが難しいことがある。

＜コミュニケーション＞
サ行、タ行などの発音が苦手である。

【これまでの生活、学びの履歴】

・周囲に人工内耳を装用した友達が多く、主なコミュニケーション手段は口話だった。

・友達の話を理解できずに、遊びを続けられないことが多かった。

・聴覚を活用した単語の聞き取りの学習を通して、聞き取れる単語が増えてきた。

2 課題の抽出

【これまでの生活、学びの履歴から】

　自立活動の時間における聴覚活用の学習を通して、聞き取れる単語が増え、聞く意欲の高まりが見られる。一方、集団の場面では、友達の言っていることをよく聞き取れずに、不安になったり自己中心的に捉えたりすることが課題であった。

【3年後の姿から】

　小学部高学年となり、教師を介せずに子ども同士でコミュニケーションをより活発に図ってほしい年齢となる。発音や文法表現に課題はあるが、「友達と楽しく遊びたい」という本人の願いも踏まえ、会話の内容を的確に把握する力の向上を優先して取り組む。そのためには、補聴器の活用とともに、代行手段としての視覚の活用を図る必要がある。

3 課題関連図

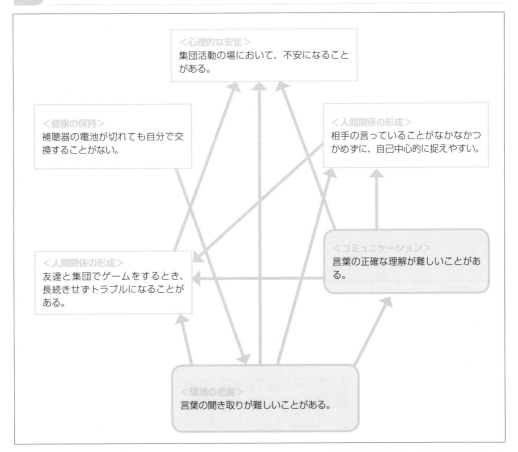

4 指導仮説

【3 年後の姿】小学部 5 年生・・・
保有する聴覚や指文字等を適切に選択・活用して会話の内容を的確に把握し、必要に応じて相手に質問しながら確認することができるようになってほしい。

【1 年後の姿】
補聴器を活用して複数の単語を聞き取る。また、聞き取れなかったときには、相手の指文字を読み取ることができる。

【指導仮説】

　補聴器の管理について理解を促し、自ら適切な聞こえの状態を維持できるようになることを前提として補聴器を一層活用するとともに、言語を受容するための視覚的な手段として指文字等が理解できるようになることで、言葉の聞き取りや理解が今まで以上にできるようになるのではないか。そのことによって、相手の言っていることがつかみやすくなり、トラブルや集団活動の場における不安が軽減し、本人の願いである「友達と楽しく遊ぶこと」ができるようになるのではないか。

【課題関連図に基づくDさんの現在の姿の解釈】

　日常生活や学校生活において言葉の聞き取りが難しいために、言葉や相手の言っていることを正確に理解できず、結果として、自己中心的な捉え方になってしまうのではないか。また、友達とトラブルになることもあり、そのことが、集団活動の場面での不安に影響していると考えられる。

5 設定した指導目標

　補聴器を活用して複数の単語を聞き取る。また、聞き取れなかったときには相手の指文字を読み取ることができる。

6 指導目標を達成するために必要な内容の選定と指導内容の設定

区分	健康の保持	心理的な安定	人間関係の形成	環境の把握	身体の動き	コミュニケーション
項目	(3) 身体各部の状態の理解と養護に関すること		(2) 他者の意図や感情の理解に関すること	(1) 保有する感覚の活用に関すること (3) 感覚の補助及び代行手段の活用に関すること		(2) 言語の受容と表出に関すること

具体的な指導内容	補聴器を活用して、「リンゴとミカン」などの複数の単語を聞き取って、正しく答える。	聞き直しても単語が聞き取れなかったときに、指文字を見て正しく読み取る。	補聴器のイヤモールドに耳垢が詰まっていないか、電池の残量があるかを毎朝確認する。

Point

■この事例を考えるうえでのポイント

・本人の願いを踏まえながら将来の社会生活に結びつく指導を考えるうえで、子どもが保有する感覚の維持・活用を図る視点と合わせて、補助及び代行手段の適切な活用を促す視点も大切になる。

・子ども同士の関わりを伴う活動を意図的に設定し、活動後に、本人と教師が一緒に振り返る中で、「楽しかった」「楽しくなかった」といった感想だけでなく、うまく関われなかった場面や自分がどのように状況を理解していたのかについて本人の考えを引き出し、どのように改善したらよいか、整理できるようにする。

05 教師とのやりとりが難しい 自閉症の生徒の指導
～人へ注意を向けて関わる力を高めるために～

1 実態把握

高等部 2 年生　男子　知的障害

・知的障害特別支援学校の各教科の小学部第 1 段階を学習している。

・てんかんの発作があり、抗てんかん薬の副作用のため、覚醒のリズムが一定しない。

● 6 区分から捉えた実態

【3 年後の姿】卒業後の社会生活・・・
生活介護事業所で、いろいろな人と関わりながら、
安定した気持ちで過ごしてほしい。

<健康の保持>
覚醒と睡眠のリズムが一定ではなく、授業中に眠ってしまいそうなことが多い。

<健康の保持>
水分をあまりとりたがらない。

<心理的な安定>
快・不快の反応の違いが表情の変化で分かりにくい。

<環境の把握>
口周辺の刺激に対して過敏な反応が見られる。

<環境の把握>
人から触れられたときに反応を示すことが少ない。

<環境の把握>
体の位置や傾きの変化に対応するのが難しく、一定に保持することが苦手な姿勢がある。

<健康の保持>
排泄のリズムが一定ではない。

<環境の把握>
絵カードや写真などの情報を提示しても理解している様子は見られない。

<人間関係の形成>
身体に触れられながら名前を呼ばれても、教師からの関わりに気づく様子が見られない。

<身体の動き>
体幹や上肢に過度の筋緊張が見られる。

<身体の動き>
両手で物を抱えることが難しい。

<身体の動き>
自力での立位や歩行は可能であるが不安定である。

<身体の動き>
スプーンに食べ物をのせると、口まで運ぶことができる。

<コミュニケーション>
自分から何かを伝えようとすることはほとんど見られない。

【これまでの生活、学びの履歴】

・これまで立位や歩行の安定、意思の表出、排泄のサインを獲得する学習などに取り組んできた。

・手に持った物を口に入れたり、階段のような危険な場所でも一人で行こうとしたりするため、常に教師の見守りが必要であった。

2 課題の抽出

【これまでの生活、学びの履歴から】

　人との関わりがもちにくいことから、小学部の頃から、要求が伝わったり他者からの指示を理解できたりすれば、人への関心が高まっていくだろう、との仮説で指導が行われてきた。「ほしいものを伝える」「排泄のサインの獲得」など、コミュニケーションの表出に焦点を当てた指導や、視覚情報を活用した他者の指示理解を促す指導が継続して行われたが、評価としては未達成な部分が多かった。

　そこで、現在は高等部2年生で残りの学校生活が2年間であることから、これまであまり成果が見られなかった自分から何かを伝える意思の表出や絵カードなどの視覚情報による指示の理解については、今年度の自立活動の課題としては適当ではないと判断した。

　また、覚醒と睡眠のリズムを整えることや定時排泄の確立は、学校生活全般を通して配慮する事項とした。

【卒業後の姿から】

　進路先として、生活介護事業所の利用を希望している。進路先では事業所の職員や利用者の方と関わりをもちながら余暇活動や軽作業を行っていくことが予想される。人からの関わりに気づき、それに応じる力が高まり、言葉かけなどの簡単な呼びかけに応じることができれば、事業所での活動が豊かになっていくものと考えられる。

3 課題関連図

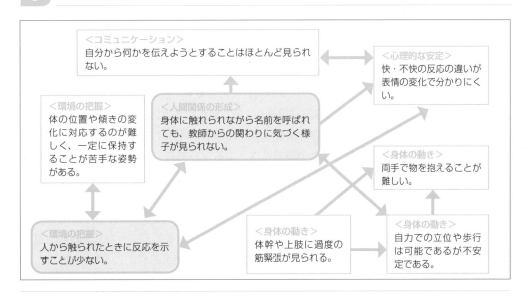

4　指導仮説

【3年後の姿】卒業後の社会生活・・・
生活介護事業所で、いろいろな人と関わりながら、
安定した気持ちで過ごしてほしい。

【1年後の姿】
教師からの言葉や手の動きによる指示に応じて、
身体を動かすなどのやりとりができる。

【指導仮説】

　学校生活において、受け入れられる程度の触れ方で他者から触れられたり、さまざまな姿勢で学習をしたりするなどして、保有している感覚をうまく活用できるようになることで、人への気づきを促していきたい。

　教師からの言葉かけや働きかけに注意を向けることができるようになり、次第にその注意が持続することで、働きかけに応じることができるようになったり、快・不快を明確に示したりすることにつながるのではないか。

　さらに、特定の教師との直接的な関わりにおいて応答する力が高まってきたら、物を介したやりとりも取り入れていくことで、関われる人を広げたり役割を担ったりすることにもつながると考える。

【課題関連図に基づくEさんの現在の姿の解釈】

　小学部から「ほしいものを伝える」「排泄のサインの獲得」など、コミュニケーションの表出に焦点を当てた指導や、視覚情報を活用した他者の指示理解を促す指導に継続して取り組んできたが、習得は難しかった。

　教師が本人の身体に触れながら名前を呼んでもそれに気づいた様子が見られないことの背景には、他者から触れられたり、体を動かされたりすることに対して、保有する感覚をうまく活用できないために、自らの身体に生じている変化として受け取ることが難しくなっていることがあると捉えた。その結果、快・不快を相手に分かりやすく伝えたり、自ら相手に何かを伝えようとしたりするといった、他者に注意を向けることの難しさにも影響していると考えられた。

5 設定した指導目標

　教師からの言葉や手の動きなどの指示に応じて、身体を動かすなどのやりとりができるようになる。

6 指導目標を達成するために必要な内容の選定と指導内容の設定

区分	健康の保持	心理的な安定	人間関係の形成	環境の把握	身体の動き	コミュニケーション
項目		(1) 情緒の安定に関すること	(1) 他者とのかかわりの基礎に関すること	(1) 保有する感覚の活用に関すること	(1) 姿勢と運動・動作の基本的技能に関すること	(1) コミュニケーションの基礎的能力に関すること

具体的な指導内容	教師の言葉かけや手の動きによる働きかけに気づき、身体を動かす。	教師の言葉かけを受けながら、物を持って歩く。	教師が転がしたボールを受け取り、受け取ったボールを教師に渡す。

Point

■この事例を考えるうえでのポイント
・残りの在学期間が限られる高等部では、特に、これまでの指導で、成果が見られたことと見られなかったことを踏まえて課題を見極め、焦点化することが大切である。
・コミュニケーションの苦手さに着目し、ソーシャルトレーニングを重ねるだけでなく、コミュニケーションが苦手な背景に目を向け、考えられる要因を検討することが大切である。
・コミュニケーションの力を育むためには、その前提となる「他者に注意を向ける力」や「他者に伝えたい気持ち」を培うことが不可欠である。

06 感情の調整が難しい 自閉症の生徒への指導

1 実態把握

中学部3年生　男子　自閉症

・知的障害特別支援学校の各教科の小学部第2段階を学習している。
・他者から強い口調で禁止をされたり否定をされたりすると、情緒が不安定になり、人に手を出したり物を壊したりすることが多く見られる。また、教師が目を離すと授業中でも自分が行きたい場所に行ってしまうことがある。

● 6区分から捉えた実態

【3年後の姿】高等部3年生 ・・・
いろいろな人からの関わりを受け入れて、
穏やかな気持ちで過ごしてほしい。

<健康の保持>
健康状態は良好で、8年間休まず登校している。

<心理的な安定>
「だめ」「～してはいけない」など、否定される言葉を聞くと落ち着きをなくす。

<心理的な安定>
突発的な変更があったり自分が予定していたことと違ったりすると落ち着きをなくす。

<心理的な安定>
落ち着きをなくすと自傷行為や他傷行為をする。

<心理的な安定>
行動を制限されると人に向かって物を投げたり人を叩いたりする。

<環境の把握>
身体に触れられることが苦手である。

<環境の把握>
軽い物を持つときに、力加減が分からず、力を入れすぎてしまう。

<人間関係の形成>
人との関わりを楽しむ様子が見られない。

<人間関係の形成>
集団での活動になると落ち着きをなくしてしまうことがある。

<身体の動き>
重い物を持って運ぶことができるが、身体の動きはぎこちない。

<身体の動き>
ビーズをひもに通すなど、細かな作業を行うことができる。

<コミュニケーション>
絵カードを用いて簡単な要求を伝えることができるが、落ち着きをなくしそうなときに伝えることは難しい。

<コミュニケーション>
事物を表す言葉は理解することができるが、感情を表す言葉の意味を理解することが難しい。

<環境の把握>
口頭による指示よりもイラストなどを用いる方が理解しやすい。

<環境の把握>
子どもの泣き声など、苦手な音がある。

【これまでの生活、学びの履歴】
・情緒が不安定になると、人に手を出したり物を壊したりすることがあり、常に教師の見守りが必要であった。
・自立活動では、体力の向上、絵カードなどを利用しての意思の表出、集中力を高めるために、ビーズのひも通しに取り組んでいた。

2 課題の抽出

【これまでの生活、学びの履歴から】

　これまでは、絵カードを使って感情や意思の表出ができるようになることにより、感情をコントロールできるようになる、との仮説のもと指導が重ねられてきた。指導の結果、絵カードを使って自分のやりたいことを表現できるようになるなどの一定の成果は見られたが、苦手な音を聞いたり強い口調で否定されたりすると、それまでと変わらず他者に手を出したり、物を壊したりするなどの行動が見られた。

　そこで、これまでの指導の経緯を踏まえ、絵カードによる要求の伝達や感情の表現は、現時点における最優先すべき課題ではないと判断した。また、見通しをもたせることについては、学校生活全般を通して配慮すべき事項とした。

【3年後の姿から】

　特別支援学校中学部卒業後は、高等部に進学することを希望している。高等部では現場実習が予定されており、実習先の事業所では、多くの人と関わることが予想される。現場実習だけでなく高等部卒業後の生活を思い描くと、いろいろな人からの関わりを受け入れて穏やかな気持ちで過ごすことができるようになることが必要であると考えられる。

3 課題関連図

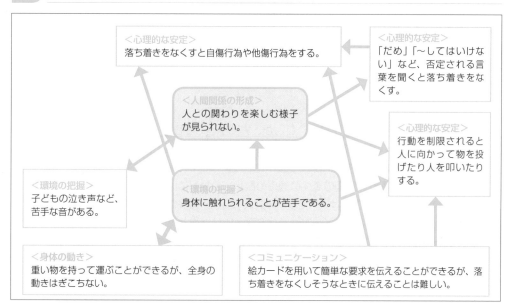

4 指導仮説

【3年後の姿】高等部3年生・・・
いろいろな人からの関わりを受け入れて、
穏やかな気持ちで過ごしてほしい。

【1年後の姿】
簡単な身体の動きを通して、
特定の教師とやりとりができる。

【指導仮説】

　人と関わることの心地良さや楽しさを感じるためには、安心感を抱ける人間関係の構築が不可欠となる。そこで、まずは特定の教師に安心感をもって関わることができるようにし、その教師がそばにいれば、情緒が不安定になりそうな状況のときでも、落ち着きを取り戻して活動に参加できるようにしたい。情緒が不安定になりそうなときでも教師を頼ることにより、人に手を出したり物を壊したりする行動が少なくなっていくのではないか。

　Fさんは、自分の身体のイメージや身体を意図的に操作する力にも課題があることから、教師と一緒に身体を動かすような活動の中で、自分の身体や動きに対する気づきや、他者（特定の教師）への注意を促していきたい。その中で、教師からの働きかけに対する気づきや持続的に注意を向ける力を高め、同時に、教師も本人の意図をくんで応じる活動を重ねることができれば、安心できる他者として教師を認識することにつながるのではないか。

【課題関連図に基づくFさんの現在の姿の解釈】

　人との関わりを楽しむことが難しいことが、集団学習の場面や、行動を制限されたり否定されたりした場面で、情緒が不安定になり、その結果、人に手を出したり物を壊したりすることにつながっているのではないか。

　また、対人関係の構築や集団の場への適応の難しさの根幹には、自分の身体に触れられることを受け入れるのが難しいことがあるのではないかと考えた。自分の身体のイメージや身体を意図的に操作する力の弱さが、全身の動きのぎこちなさに影響を及ぼし、成就感や達成感を十分に味わえなかったり、他者と思いを共有する経験が不足したりすることにつながっていると考えられた。

5 設定した指導目標

簡単な身体の動きを通して、特定の教師とやりとりができる。

6 指導目標を達成するために必要な内容の選定と指導内容の設定

区分	健康の保持	心理的な安定	人間関係の形成	環境の把握	身体の動き	コミュニケーション
項目		(1)情緒の安定に関すること (2)状況の理解と変化への対応に関すること	(1)他者とのかかわりの基礎に関すること (2)他者の意図や感情の理解に関すること	(1)保有する感覚の活用に関すること	(1)姿勢と運動・動作の基本的技能に関すること	(1)コミュニケーションの基礎的能力に関すること

具体的な指導内容	身体各部をゆっくり触れる教師からの働きかけを受け入れる。	教師の言葉や手の動きに合わせて、側臥位から体幹をひねる。	教師の指示に合わせて、あぐら座位で背中を反らせるなど、身体の動きを通したやりとりをする。

Point

■この事例を考えるうえでのポイント

・他者からの関わりを受け入れることに困難さが見られる子どもの中には、身体に触れられることが（触覚過敏によるものではなく）苦手な場合もあるので、的確に実態を把握することが大切である。

・人と関わることの楽しさを感じさせるためには、他者への注意の持続や他者に対する安心感、他者の意図を理解する力を培うことが重要である。

07 一定時間集中して活動に取り組むことが苦手な知的障害のある子どもの指導

～注意の持続をめざして～

1 実態把握

小学部1年生　女子　自閉症

・知的障害特別支援学校の各教科の小学部2段階程度の学習に取り組んでいる。

・着替え、手洗い、歯磨きは、概ね自分で取り組むことができる。

・5分間程度着席して机上学習に取り組むことが難しく、途中で離席したり、落ち着きがなくなったりする。

●6区分から捉えた実態

【3年後の姿】小学部4年生・・・
45分間、離席せずに、机上学習に取り組むことができるようになってほしい。

クルクルクル…

<健康の保持>
興奮しているときは、眠れないことがあり、睡眠剤を服用することもある。

<身体の動き>
走る、跳ぶ、蹴る、投げる動きができるが、ぎこちない。

<身体の動き>
椅子座位で姿勢を保持できるが、集中できないときは姿勢が崩れる。

<心理的な安定>
気持ちを落ち着かせるのに爪を噛んでしまう。

<人間関係の形成>
気になるものがあると、集団を離れることがある。

<心理的な安定>
興味関心の幅が狭く、なかなか広がらない。

<人間関係の形成>
人と話すときに、一瞬目が合うが、話の途中で電灯などに視線が移り、なかなか戻らず集中できない。

<心理的な安定>
活動の終わりが分からずにイライラすることがある。

<人間関係の形成>
一つの質問に答えると、それ以上会話を続けようとせず、すぐにその場を離れようとする。

<環境の把握>
タイムタイマーによる視覚的な情報の提示がまだ有効でない。

<コミュニケーション>
要求を言葉で伝えることが難しい。

【これまでの生活、学びの履歴】

・教師の言葉かけに応じて着席できるようになったが、持続時間は数分程度である。

・教師の挨拶に対して、一瞬目を見て挨拶できるようになった。

2 課題の抽出

【これまでの生活、学びの履歴から】

　興奮しているときに眠れなくなることについては、日々の睡眠の状況や服薬等について家庭からの情報提供や主治医の助言を受けながら、配慮していくこととする。タイムタイマーによる視覚的な情報の提示がまだ有効でないことについては、その土台となる、注視する力や時間に関する概念形成が未熟であるためと判断した。

【3年後の姿から】

　学校の授業は45分間を一単位として展開されることが多い。学びを積み重ねたり、広げたりするためには、落ち着いた状態で授業に臨む体勢を整えることが不可欠となる。また、離席せずに45分間、学習に取り組めるようになることは、学校卒業後の進路先として想定される事業所等で、作業や集団活動に円滑に取り組む力にもつながる。まずは、心理的な安定を図り、身近な人とのやりとりの中で注意を持続しながら学習に取り組み、学習の過程で興味関心の幅を広げていくことが必要であると考えた。

3 課題関連図

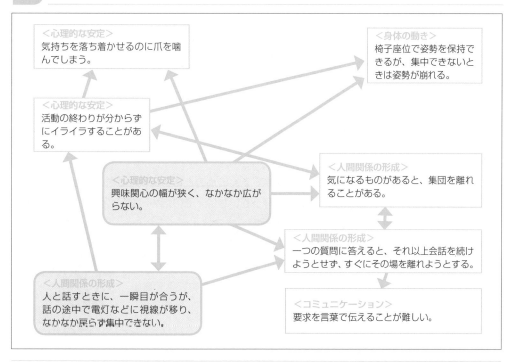

4　指導仮説

【3年後の姿】小学部4年生 …
45分間、離席せずに、机上学習に取り組むことが
できるようになってほしい。

【1年後の姿】
15分間、離席せずに学習に取り組むことができる。

【指導仮説】

　学習態度の形成には、特定のものだけでなくいろいろなものに注意を向け、その注意を持続させる力が必要となる。興味関心のある物から徐々に注意を向ける対象を広げ、注意を持続させることができるようになれば、その間に提示される事象や活動の始点や終点を理解することにつながり、見通しをもって落ち着いて学習に取り組めるようになると考える。教師に注意を向けやすい直接身体を介して関わる活動の中で、教師からの働きかけに対応できたときには即時的に称賛することで、他者への関心や安心感をもてるようにしたい。身近な他者に安心感をもつことができれば、より落ち着いた状態で学習に取り組めるようになるのではないか。

【課題関連図に基づくGさんの現在の姿の解釈】

　人と話すときに一瞬目が合うが、話の途中ですぐに別のところに視線が移り、注意がそれるなど、他者との関わりの基礎的な部分が育っていない。そのため、教師が活動の見通しをもたせる手だてを講じても活動の終わりを理解できずにイライラしたり、会話を続けることができずにその場を離れようとしたりするなどの行動が現れていると考えた。また、興味関心の幅が狭いため、気になるものがあると集団から離れたり、気持ちを落ち着かせるために爪を噛んでしまったりするなどの行動が見られると考えた。

5 　設定した指導目標

15分間、離席せずに学習に取り組むことができる。

6 　指導目標を達成するために必要な内容の選定と指導内容の設定

区分	健康の保持	心理的な安定	人間関係の形成	環境の把握	身体の動き	コミュニケーション
項目		(1) 情緒の安定に関すること (2) 状況の理解と変化への対応に関すること	(1) 他者とのかかわりの基礎に関すること (4) 集団への参加の基礎に関すること		(1) 姿勢と運動・動作の基本的技能に関すること	

具体的な指導内容	教師が提示した教材をじっと見たり、一緒に動かしたりする。	体幹のひねりや腕あげ動作を通して、教師の働きかけを受け止める。	イライラしたり不安になりそうなときは、教師に視線を向けて伝える。

Point

■この事例を考えるうえでのポイント

・興味関心の対象が狭く、固執性が見られ、心理的に不安定になりやすい子どもに対する指導では、教師との関係を子どもが安心できるものにし、気持ちを表出する手段や習慣を形成していく。

・着席行動の形成に際しては、着席そのものよりも、着席した状態で取り組む活動に向き合える時間を延ばしていく視点が大切である。

・活動に対する見通しをもたせるためには、単に同じ活動を繰り返すのではなく、子どもが対象に向ける注意を持続する力を育むことが重要である。

08 自らの行動を組み立てることが難しい 知的障害のある子どもの指導
～書字の力を高め、行動の手がかりとして生かす～

1 実態把握

中学部1年生　男子　知的障害

・知的障害特別支援学校の各教科の中学部1段階程度の学習に取り組んでいる。
・基本的生活習慣はほぼ確立しているが、指示を待っていることが多く、教師が言葉かけをしないと行動に移すことができない。

●6区分から捉えた実態

【3年後の姿】高等部1年生・・・
週末の一日の活動を自分で組み立てて、それに従って
行動することができるようになってほしい。

＜健康の保持＞
好きな遊びや活動に夢中になっていると、トイレに行くのを忘れてしまう。

＜健康の保持＞
必要に応じて水分補給などを自分からとろうとしない。

＜心理的な安定＞
好きな活動から次の活動へなかなか切り替えられない。

＜心理的な安定＞
初めての活動や苦手な活動に対しては消極的だが、何度か経験すると受け入れることができる。

＜心理的な安定＞
注意を受けることが多く、自信をもって行動できない。

＜人間関係の形成＞
特定の教師や友達には自分から話しかけるが、一方的な会話が多い。

＜環境の把握＞
形を整えて文字を書くことが難しい。

＜環境の把握＞
自分の身体を中心とした左右・上下・前後の位置関係を正しく理解することが難しい。

＜環境の把握＞
情報量が多いと、見るべき箇所や聞き取るべき内容を落としてしまう。

＜身体の動き＞
歩行は安定しているが、両足でジャンプしたりケンケンしたりすることは難しい。

＜コミュニケーション＞
状況に応じて、必要な報告や連絡を自らすることが難しい。

【これまでの生活、学びの履歴】

・小学校では、学年相応の教科指導を受けていたが、十分な理解には至っていない。自立活動の指導については受けたことはない。
・指示されたことについては、一定時間取り組むことができるが、自ら次の活動を予測して行動することはできない。
・身体を使った活動の経験が少ない。

2 課題の抽出

【これまでの生活、学びの履歴から】

　これまでの小学校における教科指導では、文字を読んだり書いたりする学習に多く取り組んできたが、生活場面で実際に活用できる力には至っていない。読み書きについては、学習経験を重ねるだけでなく、読み書きに必要となる位置関係の把握や情報の整理について、自立活動の指導として捉え直しをする必要がある。また、主体的に行動することが難しかった背景には、活動の見通しを描く際に必要な手がかりをもてなかったことが考えられる。なお、気持ちや場面の切り替えや排せつ、水分補給については、日常生活全般において配慮しながら指導をしていくことが有効と考える。

【3年後の姿から】

　高等部段階では、一人で行動できる範囲の拡大が可能であると想定する。そのためには、計画立案や見通しをもって行動する力、状況判断の力が不可欠である。まずは、日々の学校生活で繰り返される活動の順序や内容を把握して自ら取り組み、その中で、分からないことを人に尋ねたり、必要な報告をしたりする力を身につけることが必要となる。

3 課題関連図

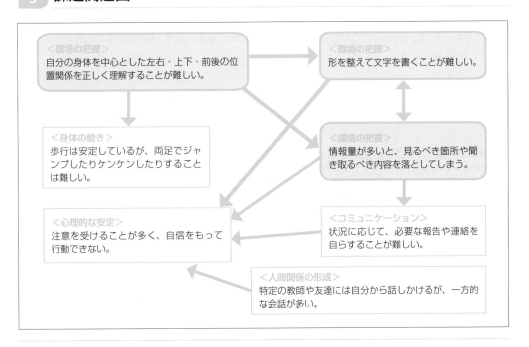

4 指導仮説

【3 年後の姿】高等部 1 年生 ···
週末の一日の活動を自分で組み立てて、それに従って行動する
ことができるようになってほしい。

【1 年後の姿】
一日の登校から下校までの活動の流れを、教師の口頭指示に従って
メモをとり、それを確認しながら活動することができる。

【指導仮説】

まずは、自分の身体を中心とした左右・上下・前後の位置関係を正しく把握したり、自分と他者や物との位置関係だけでなく、物同士の位置関係も適切に把握したりする力をつけることにより、形を整えて文字を書く力を高めていく。あわせて、活動内容や教師の指示を文字に記して視覚的に整理することにより、自分がすべき行動を確認しながら主体的に行動をする力をつけていきたい。学校生活の中に、自分で活動の順序を整理して、次の活動を判断し行動する学習を意図的に組み込み、成功経験を積み重ねさせることで、達成感や自信をもたせたい。そのことが、教師から指示や注意を受ける機会の減少や、本人による必要な場面での報告や依頼につながると考える。

【課題関連図に基づく H さんの現在の姿の解釈】

基本的生活習慣はほぼ確立しているが、小学校生活では、好きな遊びに夢中になるとトイレに行くのを忘れることもあり、教師が言葉かけをすることが多かった。学年が進行し、周囲の動きに合わせて行動すべき場面が増加するに伴い、教師の指示もさらに増えることになった。複数の情報を処理することが苦手な本児は、活動の見通しを描く際に必要な手がかりをもてない中、自分で考えて判断し行動する機会が少なくなってしまったのではないか。また、読み書きが困難な背景を踏まえた自立活動の指導も行われてきていない。学習の基盤である読み書きに必要な力を培う指導も重要不可欠である。

5 設定した指導目標

　一日の登校から下校までの活動の流れを、教師の口頭指示に従ってメモをとり、それを確認しながら活動することができる。

6 指導目標を達成するために必要な内容の選定と指導内容の設定

区分	健康の保持	心理的な安定	人間関係の形成	環境の把握	身体の動き	コミュニケーション
項目			(3) 自己の理解と行動の調整に関すること	(2) 感覚や認知の特性について理解と対応に関すること (5) 認知や行動の手掛かりとなる概念の形成に関すること	(1) 姿勢と運動・動作の基本的技能に関すること	(5) 状況に応じたコミュニケーションに関すること

具体的な指導内容	目の前の教師が提示する動作を模倣する。	校内地図を確認しながら、教師から指示された場所にものを運ぶ。	自分の名前を5種類の大きさの異なる枠の中にはみ出さないように書く。	教師の簡単な話を聞きとり、活動内容や順序を書き記す。また、記した内容を確認しながら活動に取り組む。

Point

■この事例を考えるうえでのポイント

・自分の身体の位置関係や空間における位置関係の把握は、書字の力を高める際の基盤となる力である。
・見通しをもって行動するためには、見通しを描く手がかりが必要となる。本人にとって何が手がかりとなるのか、手がかりとすることができるのかを見極めることが大切である。
・行動の見通しを描く際の手がかりを本人自身が作ることができるようにするなど、学年が上がるに従い、卒業後の生活を視野に入れた指導計画を立案する視点が重要となる。

09 学習への遅れや友人関係のトラブルから自信や意欲を失っている子どもの指導

1 実態把握

高等部1年生　男子　広汎性発達障害　適応障害

・当該学年に準ずる学習を行うグループに在籍しているが、未学習の内容や理解が十分でない内容も多い。
・場や状況に応じた行動や発言が難しく、友達とのトラブルが多い。
・過去の経験などから自信や学習意欲を失っている。

●6区分から捉えた実態

【3年後の姿】卒業後の社会生活・・・
他の人と協力しながら、自信をもって活動に取り組むことができるようになってほしい。

<健康の保持>
自分の長所や短所、得手不得手を客観的に認識することが難しい。

<健康の保持>
体力がなく、疲れやすい。

<健康の保持>
夜遅くまでゲームをすることがあるなど、生活リズムが整っていない。

<心理的な安定>
慣れない人や場所、初めての活動や見通しがもてない活動への不安が大きく、積極的に参加できないことがある。

<心理的な安定>
気になることがあったり、疲れが溜まったりすると、イライラするなど、精神的に不安定になることがある。

<心理的な安定>
イライラしているときや落ち込んでいるときに気持ちを切り替えることが難しい。

<環境の把握>
話を集中して聴くことが難しいが、視覚的に示しながら簡潔に伝えることで理解することができる。

<コミュニケーション>
相手や状況に応じた言葉遣いをすることが難しい。

<コミュニケーション>
相手の発言を字義通りに捉えたり、早合点をしたりすることがある。

<人間関係の形成>
相手の気持ちを考えた行動や発言が難しく、トラブルになることも多い。

<人間関係の形成>
自己肯定感が低く、自分がすることに自信がもてない。

<人間関係の形成>
状況や相手の気持ちに関係なく、自分がしたいことを優先しようとすることがある。

【これまでの生活、学びの履歴】
・普通中学校に通っていたが、一斉指導での学習についていけなかったことや友人関係をうまく築くことができなかったことなどから、不登校傾向となった。
・食事や睡眠など、生活リズムが整っておらず、家ではゲームをして過ごすことが多かった。

2 課題の抽出

【これまでの生活、学びの履歴から】

　体力がないことや生活リズムが整っていないことなどについては、家庭と連携しながら取り組んでいくこととする。また、聴覚情報に対する集中の難しさについては、合わせて視覚情報を活用するなど、学校生活全体を通して配慮していくこととした。

　一方、他者の感情理解の難しさや、自己肯定感が低く気持ちが不安定であることについては、学校生活の中で学習に取り組み、友人関係を築く上でも支障が大きく、そのことが夜間の過ごし方に影響している可能性もあることから、自立活動の指導目標を設定する際の課題として着目することとした。

【3年後の姿から】

　卒業後の社会生活を営む上で、他の人と協力して仕事に従事し、やりがいを感じることができることは重要である。他者の感情理解や自己肯定感の向上を自立活動の指導で培うことが不可欠と考えた。

3 課題関連図

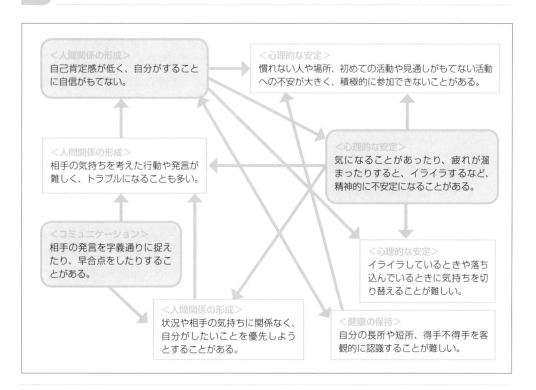

4　指導仮説

【3 年後の姿】卒業後の社会生活・・・
他の人と協力しながら、自信をもって活動に
取り組むことができるようになってほしい。

【1 年後の姿】
新しい活動や苦手な活動にも安定した気持ちで参加したり、
自分と異なる意見を受け入れたりすることができる。

【指導仮説】

　自己肯定感が高まることで安定した気持ちを維持できるようになるのではないか。まずは、本人が参加しやすい場面や人などを考慮して、できる活動から取り組ませ、成功経験を積み重ねられるようにする。振り返りを通してよくできたところを自覚させ、自信をもたせたい。初めての活動に際しては、それまでの成功経験を生かして対処できる場面を設定し、自己肯定感の向上を図っていく。また、活動の範囲を広げる中で、本人にとって、気持ちを落ち着けたり、切り替えたりする際の手段となる活動を見つけ、学校生活での活用を図っていく。

　あわせて、友達と役割を分担し協力して行う活動を設定し、活動中の友達の行動や表情に注意を向け、それらの変化に気づく力やその変化を文脈から理解する力をつけていきたい。なお、その際は、情報を視覚的に、簡潔に伝える工夫を図る。

【課題関連図に基づく I さんの現在の姿の解釈】

　不登校傾向にあったことにより、知識に偏りがあったり、様々なことへの経験が不足していたりすることが考えられる。また、一斉指導での学習についていけなかったことや友人関係をうまく築くことができなかったことなどにより、自信を失い、自己肯定感が低い現状にある。気になることがあると精神的に不安定になったり、活動に不安を感じたりするため、積極的な活動への参加が難しい。

　また、相手の気持ちを推測することが難しく、他者の意見を受け入れることができなかったり、相手の気持ちを考えずに発言してしまったりすることが友人関係のトラブルにつながっていると考えられる。

5 設定した指導目標

　新しい活動や苦手な活動にも安定した気持ちで参加したり、自分と異なる意見を受け入れたりすることができる。

6 指導目標を達成するために必要な内容の選定と指導内容の設定

区分	健康の保持	心理的な安定	人間関係の形成	環境の把握	身体の動き	コミュニケーション
項目	(4) 障害の特性の理解と生活環境の調整に関すること	（2）状況の理解と変化への対応に関すること （3）障害による学習上又は生活上の困難を改善・克服する意欲に関すること	（2）他者の意図や感情の理解に関すること （3）自己の理解と行動の調整に関すること			(5) 状況に応じたコミュニケーションに関すること

| 具体的な指導内容 | できる活動に取り組んで「できたこと」を自己評価するとともに「できること」を生かして、新しい活動に対処する。 | 友達との協同活動に取り組み、「できたこと」を自己評価する。 | 協同活動を振り返って、友達の行動や表情の変化を確認し、それらの変化と、前後の自分の言動の両者の関連について考える。 | | | 自分の意見と、自分とは異なる意見を、紙に書き出して比べ、どちらにも良い点があることに気づいたり、相手の意図を考えたりする。 |

Point

■この事例を考えるうえでのポイント

・活動への取組が消極的、否定的である背景に目を向け、うまくできているところを本人が具体的に把握できるような指導の工夫を図る。

・自分の力で解決できた経験を基盤として、その後の活動の幅を拡げていけるように、新しい活動の導入に際しては、本人の過去の経験を生かして対処できるものを選定する。

・自分の行動を客観的に振り返ったり、自他の意見の相違点を比較したりする際には、本人の理解しやすい方法（情報を視覚的に、簡潔に伝える等）を工夫する。

10 姿勢の不安定な肢体不自由のある子どもの指導
～対象を目で捉えたり操作をしたりすることにつなげるために～

1 実態把握

小学部2年生　男子

・小学校の各教科（一部下学年の目標・内容を適用）を学習している。
・会話や動作に伴い体幹や上下肢に緊張が入りやすい。自力で座位を保持することは難しく、学習時は座位保持椅子を使用している。
・食事や排泄など、日常生活全般において教師の援助が必要である。

● 6区分から捉えた実態

【3年後の姿】小学部5年生・・・
座位を保持しながら、目の前の教師の動作を模倣することができるようになってほしい。

<健康の保持>
疲れやすく、一度体調を崩すと1週間以上欠席が続くことがある。

<心理的な安定>
褒められると積極的に活動できる。

<心理的な安定>
苦手なことや好きではないことには強い抵抗感を示すことが多い。

<人間関係の形成>
担任やクラスメイトなど、特定の者以外の他者とあまり話したがらない。

<人間関係の形成>
自分の話したいことを一方的に話し、会話が成立しないときがある。

<コミュニケーション>
極端に声が大きくなったり小さくなったり途切れ途切れになったりする。

<身体の動き>
ほとんどの日常生活動作や移動は教師の援助が必要である。

<身体の動き>
体幹や上下肢の緊張が入りやすい。

<コミュニケーション>
場面や相手に応じた言葉遣いが十分でない。

<環境の把握>
右と左を間違えることがある。

<環境の把握>
廊下や周囲の音や声が気になり、授業に集中できないことがある。

<環境の把握>
時計は読めるが、時間の概念形成が不十分である。

<環境の把握>
文字や行の読み飛ばし、似た文字の読み間違いがある。

<身体の動き>
数メートル程度であれば足をバタバタさせ、歩行器を使って前に進むことができる。

<身体の動き>
座位保持椅子に座っていても頭部が傾いていることが多く、姿勢が崩れやすい。

【これまでの生活、学びの履歴】
・元気に継続して登校し、規則正しい生活リズムで学校生活を送れている。
・自立活動では、歩行器を使った歩行の学習に多く取り組んできたが、日常生活で活用できるまでには至っていない。

2 課題の抽出

【これまでの生活、学びの履歴から】

　一度風邪をひくと欠席が長く続くことはあるが、日常的に健康面に不安がある
わけではないので、生活リズムの安定を第一に保護者と綿密な情報交換を図って
対応していくこととする。これまで筋緊張をゆるめる学習や歩行の学習などに取
り組んできているものの、生活や学習場面の変容にはつながっていない。筋緊張
を調整しながら体幹や上下肢を適切に動かす力が不十分であり、姿勢を保持した
り立て直したりすることに難しさがある。そのことが、姿勢が安定せず、適切に
対象物を捉えることが難しい状況を生み出し、読み飛ばしや似た文字の読み間違
い、上肢操作の難しさに影響を及ぼしている。また、緊張に伴う呼吸の不安定さ
が発声の困難さの要因になっていると考えられる。まずは、頭部や体幹を適切に
動かす自体操作の力を身につけることが重要と考えるのが妥当である。

【3年後の姿から】

　学年進行とともに学習量が増える中で、書字やスムーズな音読などには姿勢を
保持する力が不可欠となる。そのためには頭部や体幹等を適切に動せるようにな
ることが必要である。また、形を見て正確に捉えたり物を操作する力も必要であ
る。周囲の音や声に注意がいきやすい点については障害特性の部分もあり、また、
一方的に自分の話したいことを話すことについては、他者の表情の変化を読み取
ることも必要となるので、発展的な課題と判断した。

3 課題関連図

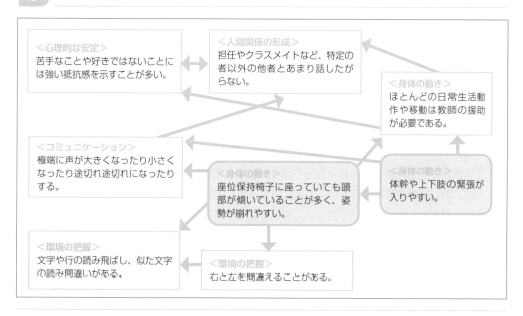

4　指導仮説

【3 年後の姿】小学部 5 年生・・・
座位を保持しながら、目の前の教師の動作を模倣する
ことができるようになってほしい。

【1 年後の姿】
テーブルに前腕をついた座位を保持し、提示された文章を
正しく読んだり、教師の援助を受けて簡単な操作
（押す、引くなど）をしたりすることができる。

【指導仮説】

　体幹や上下肢の適切な力の入れ方や抜き方を身につけ、頭部や体幹を適切に動かせるように
なることで、対象を見て的確に捉えられるようになる。そのことが、強い緊張による疲れの軽
減や日常生活動作の獲得、発声の安定による対人的な消極性の軽減などにつながると期待でき
る。適切な身体の動かし方により自分から環境に働きかける機会が増えることが、将来的に使
用が想定される電動車椅子を活用する際に必要となる周囲の状況を的確に把握する力にもつな
がると思われる。以上より、姿勢保持の学習に留まらず、姿勢保持の中で対象を見て捉えたり
簡単な操作をしたりする指導を行うこととする。

【課題関連図に基づく J さんの現在の姿の解釈】

　入学当初から筋緊張をゆるめる学習や歩行器を使った歩行に取り組んで
きたが、歩行器での移動は日常的な使用には至っていない。身体の強い緊
張はやや軽減されてきたが、学習時の姿勢は安定せず、読み間違いなどの
困難さが見られ日常生活全般においても多くの援助を要している。援助を
受ける場面の多さが、活動や対人関係での消極性にも影響していると考え
られる。

5 設定した指導目標

　テーブルに前腕をついた座位を保持し、提示された文章を正しく読んだり、教師の援助を受けて簡単な操作（押す、引くなど）をしたりすることができる。

6 指導目標を達成するために必要な内容の選定と指導内容の設定

区分	健康の保持	心理的な安定	人間関係の形成	環境の把握	身体の動き	コミュニケーション
項目		(2) 状況の理解と変化への対応に関すること	(3) 自己の理解と行動の調整に関すること	(1) 保有する感覚の活用に関すること (4) 感覚を総合的に活用した周囲の状況についての把握と状況に応じた行動に関すること (5) 認知や行動の手掛かりとなる概念の形成に関すること	(1) 姿勢と運動・動作の基本的技能に関すること	(2) 言語の受容と表出に関すること
具体的な指導内容	教師の援助を受けながら関節や身体各部位を適切に動かしたり、筋緊張を入れたり抜いたりする。	体幹や頭部を支える援助を受けて過度の緊張を入れずに座位や膝立ち位、立位などの姿勢をとる。		椅子座位において頭部を正中に保って文字を読んだり動くものを追視したりする。	椅子座位を保持しながら、玩具や楽器などを操作（押す・引く、握る、叩くなど）する。	

Point

■ワンポイント
・姿勢保持の学習については、姿勢保持自体が目的ではなく、活動をするために姿勢保持が必要であることを踏まえたうえで、他の課題と関連させて学習を組み立てることが大切である。
・対象を的確に捉え、思考や操作をする力を高めるためには、その土台となる、頭部や体幹の安定が重要であることを指導に関わる全ての教師が認識しておく。

11 肢体不自由のある子どもの 円滑な上肢操作を引き出す指導
～コミュニケーション機器の活用のために～

1 実態把握

小学部5年生　女子　脳性まひ

・知的障害特別支援学校の各教科の小学部3段階を学んでいる。
・体幹の保持が難しく、食事、更衣、排泄などの日常生活動作に全て援助が必要である。
・上肢での操作が難しく、筆記具を使った書字や道具を使った作業が難しい。
・意図どおりに適切なタイミングで発声や発語をするのが難しい。

●6区分から捉えた実態

【3年後の姿】中学部2年生・・・
援助を受ける際に自分から協力的な動きをしたり、機器を活用して
意思を伝えたりすることができるようになってほしい。

<健康の保持>
健康状態は安定しており、欠席はほぼない。

<身体の動き>
上肢を使って物を握り続けたり、上体を支えて座位を保持したりすることが難しい。

<身体の動き>
気持ちの高ぶりに比例して身体のコントロールが難しくなる。

<身体の動き>
補助具を使って座位や立位をとれるが、頭部や体幹を保持することが難しい。

<身体の動き>
筋緊張が高すぎるか、低すぎることが多い。

<環境の把握>
物の位置は理解しているが、目と手を協応させて働きかけることは難しい。

<人間関係の形成>
分からないことがあると、助けを求めることができる。

<心理的な安定>
苦手なことに取り組みたがらない様子がある。

<人間関係の形成>
社交的で積極的に友達や教師と関わろうとする。

<心理的な安定>
思いやりがあり、年下に順番をゆずったり、心配したりすることができる。

<コミュニケーション>
顎、舌のコントロールや呼吸の調整が難しい。

<コミュニケーション>
いくらかの発声はできるが、うまく発音をすることができない。

<コミュニケーション>
文字を選んで単語を作ることができるが、間違って覚えている単語も多い。

<コミュニケーション>
聞かれたことに対して、「はい」「いいえ」を表情や発声で答えることができるが、伝えられる内容は限定される。

<コミュニケーション>
機器を操作して自分の意思を自ら伝えることができない。

【これまでの生活、学びの履歴】
・気持ちが安定しているときであれば、筋緊張がそれほど高まらないようになってきた。
・上肢の操作を学習してきたが、あまり変化がなく、機器や道具の活用には至っていない。
・発声や発音の学習もしてきたが、聞き取れるほど明瞭な発音には至っていない。

2 課題の抽出

【これまでの生活、学びの履歴から】

　これまでの学習により、筋緊張をゆるめることは習得しつつあることから、今後は自分の得意な動きや不得意な動きを理解しながら、徐々に身体の動きをコントロールする力を高めていけると考える。健康状態や対人関係に関しては良好な状態で安定している。文字を読むことはできるが、筆記具を使って文字を書くことは難しい。また、文字盤の中から文字を選んで単語を作りながら、他者とコミュニケーションをとることは可能であるが、間違って覚えている単語が多くある。これらに対する指導は、国語の授業を中心として教育活動全体を通して指導していくこととする。

【3年後の姿から】

　心も体も大きく変化する中学部段階では、他者から援助を受けるときに少しでも自分の身体を動かしたり、機器の活用も図りながら他者とコミュニケーションをとったりする力が一層重要になる。そのためには、まず、頭部や体幹を保持する力を高めることが必要である。そのことが、安定した眼球運動や、目と手の円滑な協応につながると考える。並行して、コミュニケーションの代替機器を活用するために不可欠となる上肢や手指の操作性を向上させる指導を行う必要がある。

3 課題関連図

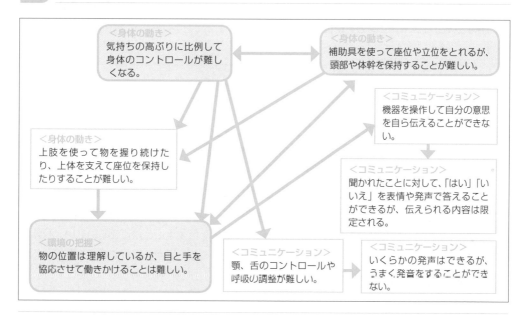

4　指導仮説

【３年後の姿】中学部２年生 ・・・
援助を受ける際に自分から協力的な動きをしたり、機器を活用して
意思を伝えたりすることができるようになってほしい。

【１年後の姿】
机上に置かれた複数の玩具や教材を、身体の横にある箱に
片付けることができる。

【指導仮説】

　上肢の操作性を向上させるためには、土台となる姿勢保持を向上させる必要がある。体幹を中心に姿勢を安定させることができれば、上肢を動かそうとするときの安定感が増したり、操作しているときに頭部を保持して見続けたりすることができるようになる。また、姿勢保持だけでなく、距離間や方向性、物へ触れる際の強さ等も合わせて学習に取り入れることで、上肢操作の向上を図っていきたい。上肢操作の向上はコミュニケーション機器の活用を可能とし、円滑なコミュニケーションの実現につながると考える。

【課題関連図に基づく K さんの現在の姿の解釈】

　不適切な筋緊張により身体のコントロールができず、体幹を保持することが難しいため、上肢の動きが安定せず、そのことが物の操作や座位の保持に影響していると考えられる。また、頭部を保持できないため対象を見続けることが難しいことも、物の操作に影響を与えていると考えられる。伝えたい意思があり、ある程度の文字の理解があるものの、発声や発語が難しいためうまく周囲の人にその意思を伝えることができていない。身体のコントロールがうまくできないため機器の活用も図れておらず、伝える手段が限られてしまっている。

5 設定した指導目標

机上に置かれた複数の玩具や教材を、身体の横にある箱に片付けることができる。

6 指導目標を達成するために必要な内容の選定と指導内容の設定

区分	健康の保持	心理的な安定	人間関係の形成	環境の把握	身体の動き	コミュニケーション
項目				(1) 保有する感覚の活用に関すること (4) 感覚を総合的に活用した周囲の状況についての把握と状況に応じた行動に関すること	(1) 姿勢と運動・動作の基本的技能に関すること (2) 姿勢保持と運動・動作の補助的手段の活用に関すること (5) 作業に必要な動作と円滑な遂行に関すること	(2) 言語の受容と表出に関すること
具体的な指導内容	教師の言葉かけや働きかけに応じて、体幹や上肢の不適切な筋緊張をゆるめる。	座位保持装置や立位台で姿勢を保持しながら、正面にいる教師とにらめっこをしたり、手を合わせたりする。	机上の右（左）側にある教材や玩具を左（右）手を伸ばしてつかむ。	指示された方向や位置でつかんだものを放す。	教師が示したタイミングで声を出したり、対象物を見たりする。	

Point

■この事例を考えるうえでのポイント

・他者とのコミュニケーションや上肢の操作性の向上を図るためには、その土台となる、安定した座位や立位の姿勢保持、目的の物をしっかりと捉える力などを培う指導が重要である。

・筋緊張が高まりやすい子どもの指導においては、可能な動きを生かし、成功体験をもとに自信をもって学習に取り組めるようにする。

12 肢体不自由のある子どもの両手の協応を促す指導

1 実態把握

高等部1年生　男子　脳性まひ

・知的障害特別支援学校の各教科の中学部段階を学んでいる。
・利き手に頼ってしまい、両手を使った作業が難しい。

● 6区分から捉えた実態

【3年後の姿】卒業後の社会生活…
両手を使って仕上がりよく製品や作品を完成させ、
他者に自分が工夫した点などを説明できるように
なってほしい。

<健康の保持>
排泄は手すりがあれば安全に済ませることができるが、排尿の回数が少なく学校で1回するかしないかである。

<健康の保持>
洗面や入浴などは一通りできるが、身だしなみや清潔に細かく注意を向けるのは難しい。

<心理的な安定>
自分のすべきことがそのときにはっきりしていないと、不安な表情になって落ち着きがなくなる。

<心理的な安定>
提示された活動に対しては積極的に取り組もうとする。

<人間関係の形成>
自ら友達に対して声をかけて関係を構築するのが難しい。

<人間関係の形成>
自分のできそうなことと難しいことを区別し、適切に判断したり援助を求めたりするのが難しい。

<健康の保持>
気温や体温の変化に応じて自分で衣服の調節をするのが難しい。

<人間関係の形成>
分からないことに対して、自分なりの方法で尋ねたり、情報を得たりするのが難しい。

<環境の把握>
ある物を右に動かす、もう少し左、など口頭の指示に応じることは難しい。

<環境の把握>
ファスナー上げ、はさみでの紙切りなど、利き手と補助手の役割を分担させながら作業に取り組むのが難しい。

<身体の動き>
安全に一人で椅子から歩行器に移乗をするのが難しい。

<身体の動き>
股関節の動く範囲が狭く、座位や立位のときに腰が引けていることが多い。

<身体の動き>
歩行器を使って校内を移動したり、3メートル程度の独歩ができたりするが、見守りが必要である。

<コミュニケーション>
相手が聞き取りにくい発音がいくつかある。

【これまでの生活、学びの履歴】
・歩くことに多くの時間をかけて学んできた。常時車椅子から一部車椅子になり、短い距離の移動など実用的な歩行となりつつある。
・危険回避と安全、状況の把握や状況に応じた言動など、自己と周囲との関係性を踏まえた調整の必要なことについて、あまり学んできていない。

2 課題の抽出

【これまでの生活、学びの履歴から】

　実用的な歩行の習得のために、膝と股、足関節の協調した動きの練習に多くの時間をかけて取り組み、可動域（本人にとって動かすことのできる範囲）の確保や動かし方の習得はできている。今年度は、歩行や下肢を協調させた動きを、目標に直結する課題として扱うのではなく、歩行を含む活動を意図的に設定していく。

　排尿の回数が少ないのは、こまめな水分補給を行っていても見られることであり、主治医からの定期的な診察を踏まえ、観察していく事項として確認ができている。

【3年後の姿から】

　事業所で一定の業務を遂行できるためには、利き手と補助手を協調させる力や、情報を的確に聞き取って行動に移す力を向上させる必要がある。日常の整容や学習活動への取組において、細かなところで確認や仕上げが必要な現状を考えると、教師の示範を見ながら身体各部位を協調させて動かしたり、教師と自分の動きの違いに気づいたりする力を確実にすることが不可欠である。その上で、自分の行った活動の経過や結果を振り返って整理したり、自分の行動を修正したりすることにつなげていくことが大切であると考える。

　卒業後の社会生活に必要な技能の向上により、自信をもち、自ら友達に対して声をかけたり、相手に分かりやすく話そうとしたりする姿勢を育んでいきたい。

3 課題関連図

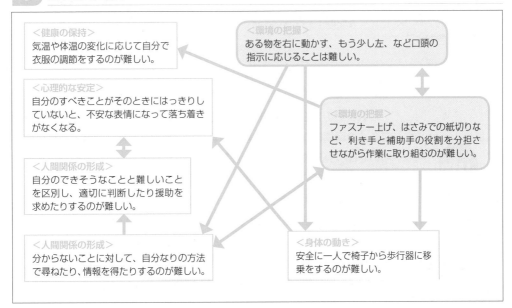

4　指導仮説

【3 年後の姿】卒業後の社会生活…
両手を使って仕上がりよく製品や作品を完成させ、
他者に自分が工夫した点などを説明できるようになってほしい。

【1 年後の姿】
利き手と補助手を教師の示範と同じように動かして、
仕上がりよく袋詰めをしたりタオルをたたんだりする。

【指導仮説】

　まずは、教師が実際にして見せる示範と同じように、自分の身体各部位を協調させて動かしたり、教師と自分の動きの違いに気づいたりする力をつけていく。このような活動を通して、空間における自分の位置や行動する方向を的確に把握できるようにしていく。動きの指示については、示範によるモデル提示から、徐々に、前後左右などを含む言語指示に切り換えていく。卒業後の事業所では、作業や活動において仕上がりよく製品や作品を完成させることが求められる。そのためには、利き手の動きを支える補助手の動きも重要となる。そこで、本人にとって使いやすい利き手のみで遂行可能な活動だけでなく、利き手と補助手とを協調させることが必要な活動を取り入れる。その際、正中線を越えたり動かしにくい方の手で物を押さえたりする動きを含むようにする。

【課題関連図に基づく L さんの現在の姿の解釈】

　これまでの自立活動において、膝と股、足関節の協調した動きの練習に多くの時間をかけて取り組んできたが、補助具を使った歩行や移乗については、見守りが必要な状況である。このことは、L さんの左右を協調させて身体各部位を動かすことの難しさと関連していると考えることができ、ファスナーを上げたり、はさみで紙を切ったりするなどの両手を使った活動の難しさにも大きく影響している。

　また、整列時に「もう少し右」という教師の指示に対応するのに時間を要するなど、空間における位置や方向に関する情報を適切に把握・処理し、自分の行動に反映させていくことが課題である。

5　設定した指導目標

　利き手と補助手を教師の示範と同じように動かして、仕上がりよく袋詰めをしたりタオルをたたんだりする。

6　指導目標を達成するために必要な内容の選定と指導内容の設定

区分	健康の保持	心理的な安定	人間関係の形成	環境の把握	身体の動き	コミュニケーション
項目		(2) 状況の理解と変化への対応に関すること	(2) 他者の意図や感情の理解に関すること (3) 自己の理解と行動の調整に関すること	(4) 感覚を総合的に活用した周囲の状況についての把握と状況に応じた行動に関すること (5) 認知や行動の手掛かりとなる概念の形成に関すること	(1) 姿勢と運動・動作の基本的技能に関すること (4) 身体の移動能力に関すること (5) 作業に必要な動作と円滑な遂行に関すること	

具体的な指導内容	鏡を見ながら、座位・膝立ち位において、左右の違いや、身体の傾きなどを修正する。	教師の口頭での指示に応じて、手足を動かしたり車椅子で移動したりする。	両手を使ってハンドタオルを四つ折にする。	両手を使ってガムテープを決められた長さに切る。	行うべき活動の順番や必要な道具を理解して取り組み、活動の達成度について自己評価する。

Point

■この事例を考えるうえでのポイント

・左右の手を使った動作の向上は、単に作業的な活動を重ねるだけでは図れない。自分の身体に注意を向けながら、立つことや歩くことなど、粗大運動の改善が不可欠である。活動に必要な動きの土台は何かを考え、その土台づくりに取り組むことが自立活動の指導として重要となる。

・活動遂行時の様子を録画し、自らが仕上げた物と見本との比較や、結果に至る工程の振り返りを通して、修正すべき点に自ら気づけるようにする。

13　他者からの働きかけや提示された教材への気づきを促す指導

1　実態把握

小学部4年生　男子

・知的障害特別支援学校の各教科の小学部1段階を学習している。
・体調や覚醒のリズムが不安定である。
・定頸しつつあるが、座位保持椅子での座位では、頭部が前方に倒れることが多い。
・不随意的な眼球運動があり、提示された物や働きかける他者を固視することが難しい。

●6区分から捉えた実態

【3年後の姿】中学部1年生・・・
教師など様々な人とのやりとりの中で、視線や表情、身体の動きで感じたことを表出することができるようになってほしい。

<健康の保持>
睡眠と覚醒のリズムが不安定で、十分な睡眠がとれずに眠った状態で登校することが多い。

<心理的な安定>
不快なときに笑顔になるなど、快・不快の表出が曖昧なときがある。

<人間関係の形成>
他者からの関わりに対して、注意を向けることが難しい。

<人間関係の形成>
自分の名前を呼ばれても、表情や身体の動きなどで応えることがあまり見られない。

<コミュニケーション>
話しかけられたり笑いかけられたりしても、相手に応じることが少ない。

<環境の把握>
不随意的な眼球運動があり、固視が安定しにくい。

<身体の動き>
腰や肩への教師の援助がないとあぐら座位を保持することが難しい。

<身体の動き>
定頸しつつあるが、座位保持椅子での座位では、頭部が前傾することが多い。

<身体の動き>
首、肩周りの筋緊張が強い。

<身体の動き>
教師からの促しがないと、下肢に力を入れて踏みしめる動きが出にくい。

【これまでの生活、学びの履歴】
・教師の援助を受けてあぐら座位や立位を保持することと、他者からの働きかけに気づくことを目標に学習に取り組んできた。
・腰と肩を支える程度の援助があれば、教師の促しに応じて頭部及び体幹に適度な力を入れてあぐら座位を保持することが上達している。
・他者からの働きかけや提示された物に気づき、頭部を安定させて視線を向けることがまだ難しい。
・本人の興味がある物や活動について、教師がまだ十分に把握できていない。

2 課題の抽出

【これまでの生活、学びの履歴から】

　睡眠と覚醒のリズムを整えるために、自立活動の時間を中心に教育活動全体の中で、固有受容覚や聴覚に働きかけたり、できる限り抗重力姿勢をとる機会を多く設けたりしている。

　これまでの学びの中で、教師の援助があれば頭部と体幹に適度な力を入れて座位を保持することができるようになってきており、車椅子上では体幹のベルトがあれば頭部を起こす時間が長くなってきた。一方で、他者からの働きかけに気づき、注意を向け、やりとりをすることに関しては、確かな芽生えや成長は見られていない。

【3年後の姿から】

　他者からの関わりに対して、視線を向けたり身体を動かしたりして応える力を身につけていくためには、まず頭部と体幹に適度な力を入れて座位や立位姿勢を保持する力を高めながら、他者との二項関係を確かなものにする必要がある。また、今後は、身体の成長に伴い移乗等の際の介助者の負担が大きくなることが想定される。負担軽減を図るためにも、立位を保持する力を高めることが必要と考え、課題として取り入れることとした。

3 課題関連図

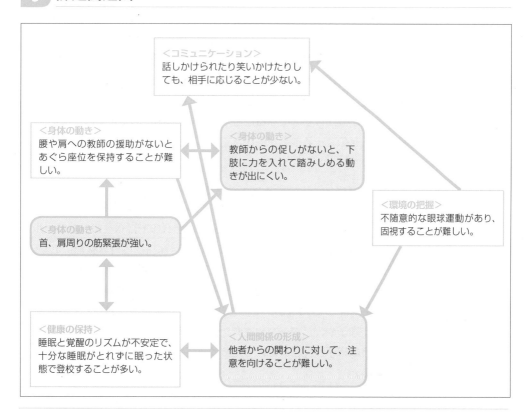

4 指導仮説

【3 年後の姿】中学部 1 年生 …
教師など様々な人とのやりとりの中で、視線や表情、身体の動きで
感じたことを表出することができるようになってほしい。

【1 年後の姿】
①教師が肩と腰の援助をすることで、10 秒間程度両足で踏みしめよ
　うと下肢に力を入れることができる。
②教師の言葉かけや身体を介した関わりに対して、発声や表情、身体
　の力を抜く、入れるなどの形で意思を表示し、応えようとすること
　ができる。

【指導仮説】
　教師からの援助を受けてあぐら座位や膝立ち位を保持する学習について、自立活動の指導を中心に行い、学校生活全体においても移乗の機会を意図的に設定することで、教師の促しに応じて片脚に交互に重心を移動させたり、踏みしめながら立位姿勢を保持したりする力をつけていく。また、姿勢が安定した状態で、眼球の動きが出やすい左側から教師が関わる活動を繰り返す中で、働きかけている他者に注意を向ける力を高めていきたい。特定の教師へ注意を向ける力が確かなものになることで、本人と教師との二項関係が深まり、少しずつ、注意を向けることのできる他者が広がっていくことが期待できると考える。

【課題関連図に基づく M さんの現在の姿の解釈】

　睡眠と覚醒のリズムが不安定で、全身の筋緊張をコントロールすることが難しく、座位や立位の姿勢保持が困難な状態にある。また、車椅子上では頭部を起こすことができつつあるが、前にいる教師や提示された物に注意を向け、その注意を持続させるまでには至っていない。そのため、特定の音や声に対して興味を示す様子や、パターン化された他者とのやりとりの中で期待するような様子が見られなかったりすることにつながっていると思われる。

5　設定した指導目標

①教師が肩と腰の援助をすることで、１０秒間程度両足で踏みしめようと下肢に力を入れることができる。

②教師の言葉かけや身体を介した関わりに対して、発声や表情、身体の力を抜く、入れるなどの形で意思を表示し、応えようとすることができる。

6　指導目標を達成するために必要な内容の選定と指導内容の設定

《目標①》

　教師が肩と腰の援助をすることで、１０秒間程度両足で踏みしめようと下肢に力を入れることができる。

区分	健康の保持	心理的な安定	人間関係の形成	環境の把握	身体の動き	コミュニケーション
項目	(1) 生活のリズムや生活習慣の形成に関すること		(1) 他者とのかかわりの基礎に関すること		(1) 姿勢と運動・動作の基本的技能に関すること	

具体的な指導内容	教師の促しに応じて、身体各部位の緊張をゆるめる。	教師の援助を受けながらあぐら座位をとり、促しに応じて頭部や体幹に適切な力を入れる。	後方にいる教師からの膝、腰、肩への援助を受けて、下肢に力を入れて立位を保持する。

《目標②》

　教師の言葉かけや身体を介した関わりに対して、発声や表情、身体の力を抜く、入れるなどの形で意思を表示し、応えようとすることができる。

区分	健康の保持	心理的な安定	人間関係の形成	環境の把握	身体の動き	コミュニケーション
項目			(1) 他者とのかかわりの基礎に関すること	(1) 保有する感覚の活用に関すること	(1) 姿勢と運動・動作の基本的技能に関すること	(1) コミュニケーションの基礎的能力に関すること

具体的な指導内容	教師と一緒に簡単な歌遊びを繰り返し行い、教師からの働きかけに気づく。	特定の教師の言葉かけや身体を通したやりとりに注意を向けながら、教師の促しに応じて一緒に腕を挙げる。

■この事例を考えるうえでのポイント

・特定の人やものへの興味や反応を引き出すためには、目の前の他者や提示された物にしっかりと注意を向ける力を育むことが前提となる。

・本人と教師との関係を築くためには、教師に注意が向けやすいように、本人の姿勢を安定させることや、教師が働きかける位置や方向を工夫することが大切である。

・本人が教師の関わりに気づくまでに時間を要する場合があるので、表情や身体の動きなどに注目するとともに、気づいた様子が見られた場合は即座に称賛する。

14 他者からの働きかけを受け入れることが苦手な重複障害のある子どもの指導

1 実態把握

小学部3年生　女子

・知的障害特別支援学校の各教科の小学部1段階を学習している。

・肢体不自由と重度の知的障害があり、姿勢や運動面に関する課題に加えて、他者から触れられることや身体の動きを止められることを嫌がる、新しい活動や教材に不快を示すといった課題が見られる。

● 6区分から捉えた実態

【3年後の姿】小学部6年生・・・
日々の学校生活で毎日繰り返す移動場面
（「車～学校玄関～教室」）では、身近な人による肘を軽く支える援助があれば、歩いて行うことができるようになってほしい。

<健康の保持>
口唇閉鎖の援助を嫌がり、口を閉じたまま飲み込むことが難しい。

<心理的な安定>
待つことや新しい学習が苦手で、身体を反らしたり、大声を出したりして嫌がる。

<心理的な安定>
笑顔になることはあるが、相手に向けて笑いかけたり、褒められても喜んだりする様子は見られない。

<人間関係の形成>
他者からの働きかけを受け入れることが苦手で、教師に手を握られたり一緒に身体を動かしたりすることを嫌がることが多い。

<人間関係の形成>
名前を呼ばれると顔を上げたり、相手を見たりすることがあるが確実ではない。

<環境の把握>
左眼はほぼ見えない。

<人間関係の形成>
人より物へ働きかけることが多い。

<環境の把握>
提示された物を見て捉えたり、目的の場所に手を伸ばしたりすることが難しい。

<身体の動き>
左手を使うことが多く、右手をほとんど使わない。

<身体の動き>
つかむ、放す、押すなどの簡単な動きに限られ、手の動きに広がりがみられない。

<身体の動き>
援助を受けて歩くことはできるが、突然座り込むことが多い。

<コミュニケーション>
大人の手を引いたり、手渡しをしたりするなどして要求することが難しい。

<コミュニケーション>
教師からの簡単な指示を理解し、応じることが難しい。

【これまでの生活、学びの履歴】

・好きな玩具を見たり歌を歌ったりしながらであれば、教師の援助を受け入れて身体をゆるめたり、姿勢を保持したりする学習に取り組めるようになってきた。

・初めて行う活動や初めて見るものには、嫌がって大きな声を上げたり肘を机に打ち付けたりするため、配慮を要する。

2　課題の抽出

【これまでの生活、学びの履歴から】

　これまで情緒の安定に配慮しながら指導に取り組んできたことで、好きな物を介しながらの学習や、同じ流れ・同じパターンの学習については受け入れることができるようになってきた。しかし、自立活動の時間の指導において、教師と一緒に立ったり座ったりする学習に取り組む力が高まってきているものの、場面が変わることが多い日常生活の中では急に座り込んだり嫌がったりすることがあり、あまり活用できていないことが課題である。他者からの働きかけを受け入れることが苦手なことが、その背景要因として考えられ、食事についても、嚥下そのものよりも援助を受け入れることに課題があると判断した。他者の意図を理解し受け入れることは、要求する力やその手段の獲得にも必要となる。なお、左眼の視力がほぼ無いため、右眼や手を活用して探索する力をつけられるように、提示する物の距離や位置に配慮することが必要である。

【3年後の姿から】

　身近な教師と身体を介して関わったり、教師が提示する教材を使った繰り返しの学習の中で、人や物へ注意を向ける力をつけ、さらにその注意を持続させる力をつけることで、他者からの言葉や簡単な合図を理解して行動する力や物を介して相手とやりとりする力につなげていきたい。

3　課題関連図

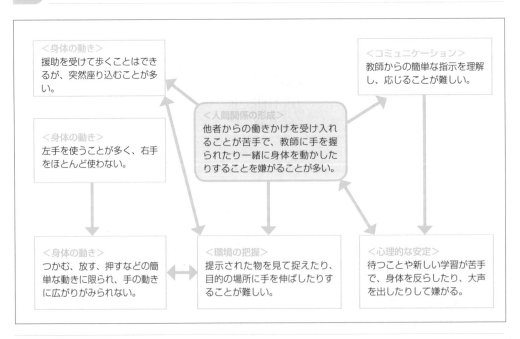

4 指導仮説

【3年後の姿】小学部6年生・・・
日々の学校生活で毎日繰り返す移動場面（「車～学校玄関～教室」）では、
身近な人による肘を軽く支える援助があれば、歩いて行うことが
できるようになってほしい。

【1年後の姿】
①教師の後方からの援助を受けて歩き、目的の場所にた
どり着くことができる。
②つかんでいるものを教師の「ちょうだい」の言葉かけ
に応じて手渡すことができる。

【指導仮説】

　身体を介したやりとりを通して、教師に注意を向け、教師の働きかけに応じる等の二項関係を確かなものにしていきたい。身近な教師からの働きかけを受け入れることができるようになることで、人や物へ注意を向ける力や、その注意を持続する力が高まるのではないだろうか。

　また、二項関係を基盤として物を介した教師とのやりとりの学習にも取り組むことで、一緒に様々な物に手を伸ばしたり、教師の指示のタイミングに合わせて自体を操作したりするなど、活動の幅が広がるのではないか。

【課題関連図に基づくNさんの現在の姿の解釈】

　教師が本児と一緒に課題に取り組もうと手を握ったり身体を動かしたりして身体的援助をしようとすると、強い抵抗を示すことがまだ多い。初めての学習や教材を受け入れることが苦手で、大声を出すなどして嫌がる。本児が気に入っている特定の物であれば、物との関わりや物の操作に変容は見られてきているが、依然として教師からの働きかけを受け入れることは難しい様子が見られる。

　まずは、直接的な身体接触や動きを介したやりとりの中で、子どもの情動を読み取り、共有していくことが必要である。

5　設定した指導目標

①教師の後方からの援助を受けて歩き、目的の場所にたどり着くことができる。
②つかんでいるものを教師の「ちょうだい」の言葉かけに応じて手渡すことができる。

6　指導目標を達成するために必要な内容の選定と指導内容の設定

《目標①》
　　教師の後方からの援助を受けて歩き、目的の場所にたどり着くことができる。

区分	健康の保持	心理的な安定	人間関係の形成	環境の把握	身体の動き			コミュニケーション
項目		(1) 情緒の安定に関すること	(1) 他者とのかかわりの基礎に関すること	(1) 保有する感覚の活用に関すること	(1) 姿勢と運動・動作の基本的技能に関すること (2) 姿勢保持と運動・動作の補助的手段の活用に関すること (4) 身体の移動能力に関すること			(2) 言語の受容と表出に関すること

具体的な指導内容	教師の言葉かけと身体に触れる働きかけに応じて、身体を動かしたり、姿勢を保持したりする。	教師が提示した教材や玩具のある場所まで寝返りで近づく。	呼びかけに応じて、2～3メートル離れた場所にいる教師のところへゲートトレーナーで歩いて移動する。

《目標②》
　つかんでいるものを教師の「ちょうだい」の言葉かけに応じて手渡すことができる。

区分	健康の保持	心理的な安定	人間関係の形成	環境の把握	身体の動き	コミュニケーション
項目		(1) 情緒の安定に関すること	(1) 他者とのかかわりの基礎に関すること	(1) 保有する感覚の活用に関すること	(5) 作業に必要な動作と円滑な遂行に関すること	

具体的な指導内容	教師の動きに合わせて、注意を向けながら手を上げたり下げたりする。	2つの箱を見比べたり、隠された玩具を探して教師に手渡したりする。	手元を見ながら容器から紐を引き抜き、その紐を教師に手渡す。

Point

■この事例を考えるうえでのポイント

・必要な援助を受けながら日常生活動作の向上を図ったり、要求を表出する力を培ったりするためにも、その前提となる、他者からの働きかけに応じる力をつけることが重要となる。

・自発的な運動の段階から、教師の指示に対して、自体を操作する段階になるので、決まった指示への対応ができるようになってきたら、タイミングや言葉かけを変化させていくようにする。身体の動きそのものだけでなく、教師への注意を持続する力や、教師の言葉かけや動きに合わせる力に注目しながら指導することが大切である。

15 他者からの働きかけに応答したり自ら発信したりする力を育む指導

1 実態把握

小学部２年生　女子

・知的障害特別支援学校の各教科の小学部１段階を学んでいる。
・２歳半で大きなけいれん発作を起こし、現在も発作が頻発している。薬を服用しているため覚醒状態が低いことが多い。
・座位はとれるが、体幹や手足を常時動かしてふらついていることが多い。

●６区分から捉えた実態

【３年後の姿】小学部５年生・・・
他者からの関わりに笑顔で応えたり、自ら教師に手を伸ばしたり声を出したりして関わることができるようになってほしい。

<健康の保持>
１日に１０回程度、けいれん発作が起きる。

<健康の保持>
服薬などの影響で覚醒状態が低いことが多い。

<健康の保持>
食事では、教師からの口唇閉鎖の援助を嫌がることがある。

<心理的な安定>
情緒は安定している。

<人間関係の形成>
動きを止められることを嫌がることがあり、援助を受け入れることが難しい。

<人間関係の形成>
人からの言葉かけや物の提示に対して笑顔が見られるが、自分から人や物に働きかけることは少ない。

<環境の把握>
目と手の協応が難しく、好きな物を提示しても手を伸ばそうとしない。

<環境の把握>
顔や手を触られると振り払おうとする。

<身体の動き>
台に肘をついて、上体を支えながら立位を保持することが難しい。

<身体の動き>
歩行では、教師の援助を受けて脚を出そうとするが、つま先からついてしまったり、脚を交差したりすることが多い。

<コミュニケーション>
身近な人に要求を伝えることが難しい。

<身体の動き>
物を握ることができるが、すぐに手を離してしまう。

【これまでの生活、学びの履歴】

・入学後、援助を受けて歩いたり、座位以外の姿勢をとったりする機会が大きく増えた。
・入学当初は学校でしばらく眠ることがあったが、２年生になってからは眠ることが減ってきた。
・特定の身近な大人による積極的な関わりには、気づいて表情を変えるようになった。

2 課題の抽出

【これまでの生活、学びの履歴から】

　常時けいれん発作が多発することについては、今年度、けいれん発作予防の手術を行うことになった。昨年度に引き続き、医師や保護者との情報交換及び連携を図っていくこととし、指導により改善をめざす課題からは外すこととする。口腔周辺の過敏については、取り除くための脱感作を毎日行ってきた。好きな食事の際は、口唇閉鎖を受け入れる時間が長くなったが、それ以外での受け入れはまだ難しい。また、教師の言葉かけに笑顔で応えるなど、人への関心は少し見られることがあるが、身近な人とそうでない人に対しての反応は変わらない。

【3年後の姿から】

　他者に手を握られることや動きを止められることが苦手である。好きな人や物に自ら近づいたり触ったりして関わるためには、まず、人からの関わりを受け入れる力が必要である。また、好きな物や人に手を伸ばすためには、自分の手が使えることに気づき、意図的に動かす力を育む必要がある。

3 課題関連図

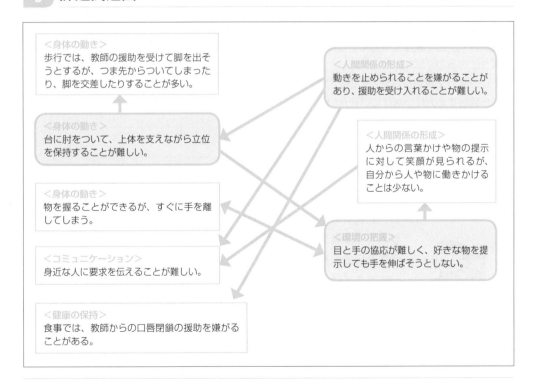

4　指導仮説

【3 年後の姿】小学部 5 年生 …
他者からの関わりに笑顔で応えたり、自ら教師に手を伸ばしたり
声を出したりして関わることができるようになってほしい。

【1 年後の姿】
①教師による前腕を支える援助を受けながら、椅子からの立ち上がりや
車椅子への移乗、1 分間程度の立位保持ができる。
②教師が提示する教材に対して、手を伸ばしたり、握ったり、引いた
りすることができる。

【指導仮説】

　身近な教師からの関わりを受け入れられるようになれば、教師の援助を受けながら姿勢を保持できるようになるのではないか。また、教師に対する安心感を土台にして、人への気づきや、人や人を介した物への関心を高めていけるのではないか。現在は限られた場面であるが、人や物に気づき、期待や予測をする力が育ちつつある。あわせて、自分の手に対する意識を高め、意図的に手指を操作する力をつけることで、自ら好きな人や物に手を伸ばし、関わろうとするようになるのではないか。

　このように身近な教師との関わりの中で姿勢の安定や手指操作の力を高める指導を通して、自ら発信する力につなげていきたい。

【課題関連図に基づく O さんの現在の姿の解釈】

　立位では重心が安定しないため、常にふらふらと動くことでバランスを保とうとしている。そのため、手を使うことや、様々な援助を受け入れて活動することが難しくなっているのではないか。また、自分の手を自分の身体の一部として認識したり、動かしたりすることが十分にできていないことも、意図的な手指操作が見られないことに影響していると考えられる。結果として、身近な大人からの関わりに気づいて少し笑ったり、好きな物をのぞき込むように見たりすることはあるが、自分から人や物に手を出して働きかけることは見られない。

5 設定した指導目標

① 教師による前腕を支える援助を受けながら、椅子からの立ち上がりや車椅子への移乗、１分間程度の立位保持ができる。

② 教師が提示する教材に対して、手を伸ばしたり、握ったり、引いたりすることができる。

6 指導目標を達成するために必要な内容の選定と指導内容の設定

≪目標①≫

　教師による前腕を支える援助を受けながら、椅子からの立ち上がりや車椅子への移乗、１分間程度の立位保持ができる。

区分	健康の保持	心理的な安定	人間関係の形成	環境の把握	身体の動き	コミュニケーション
項目	(1) 生活のリズムや生活習慣の形成に関すること		(1) 他者とのかかわりの基礎に関すること	(1) 保有する感覚の活用に関すること	(1) 姿勢と運動・動作の基本的技能に関すること (2) 姿勢保持と運動・動作の補助的手段の活用に関すること	

具体的な指導内容	教師の言葉かけや身体に触れる働きかけに応じて、体を動かしたり、姿勢を保持したりする。	教師による前腕部を支える援助を受けて、立位を保持する。	１メートル離れたところにある玩具に向かって、教師の援助を受けながら、交互に足を振り出してゲートトレーナーで歩く。

139

≪目標②≫

　教師が提示する教材に対して、手を伸ばしたり、握ったり、引いたりすることができる。

区分	健康の保持	心理的な安定	人間関係の形成	環境の把握	身体の動き	コミュニケーション
項目			（1）他者とのかかわりの基礎に関すること	(1) 保有する感覚の活用に関すること (4) 感覚を総合的に活用した周囲の状況についての把握と状況に応じた行動に関すること	(1) 姿勢と運動・動作の基本的技能に関すること	(1) コミュニケーションの基礎的能力に関すること
具体的な指導内容	教師の援助を受けながら、物に手を伸ばす、触れる、握る、引く。		教師の援助を受けながら、片手でスイッチを押したり容易な仕組みの玩具を操作したりする。	名前を呼ばれたことに気づき、教師の顔を見る、声を出す、教師の手に触れるなどで応える。		教師からの言葉かけやくすぐり遊びなどの活動に対して、期待するように視線を向ける、身体を近づける、声を出す。

Point

■この事例を考えるうえでのポイント

・自ら発信する力を育むためには、その土台となる力として、身近な大人からの関わりを受け入れ、そして、何らかの応答をする力を育むことが大切である。そこで、まず、人からの関わりを受け入れているかを確認する。

・自ら手を伸ばして人や物に関わるためには、自分の手を意識できるようになることも必要である。ボディイメージをもたせる指導も重要になる。

16 生活リズムが安定しない 重複障害のある子どもの指導

1 実態把握

小学部2年生　女子

・知的障害特別支援学校の各教科の小学部第1段階を学習している。
・肢体不自由と重度の知的障害があり、覚醒と睡眠のリズムが不安定で、日中でも入眠することがある。

● 6区分から捉えた実態

【3年後の姿】小学部5年生 ‥‥
座位保持椅子をできるだけ起こして学習に参加し、教師からの働きかけに対して何らかの反応をすることができるようになってほしい。

<健康の保持>
気管切開をしており、たまった痰を自力で出すことが難しい。

<健康の保持>
覚醒と睡眠のリズムが不安定で、授業中に入眠してしまうことがある。

<心理的な安定>
快・不快を表情などで表すことができる。

<人間関係の形成>
呼名に対して反応することがあるが、確実ではない。

<人間関係の形成>
関わってくる教師に気づくことがあるが、注意を向け続けることが難しい。

<人間関係の形成>
特定の教師とそれ以外の教師への対応に大きな差が見られない。

<環境の把握>
眼球が白濁しており、どのくらい見えているかは不明。

<コミュニケーション>
自ら他者に働きかけることが難しい。

<環境の把握>
高い音やガサガサした音がすると表情を変えたり頭部を動かそうとすることがあるが、確実ではない。

<環境の把握>
大きな音や急な音に気づいたように眼球を動かすことがある。

<環境の把握>
提示された物に対して自ら探索するような様子が見られない。

<身体の動き>
上肢は常に屈曲しており、物に手を伸ばすことは難しい。

<身体の動き>
座位を一人で保持できず、体幹や腰を支える援助が必要である。

【これまでの生活、学びの履歴】
・一日のほとんどをバギーを後傾させた状態で過ごしており、座位など抗重力姿勢をとることはほとんどなかった。
・覚醒を促すために、バルーンなどを使って感覚を刺激するような学習に取り組んできた。

2　課題の抽出

【これまでの生活、学びの履歴から】

　覚醒と睡眠に関係するとも考えられる、外界を視覚的に捉えることの難しさについては、学校での指導で改善を図ることは難しいと判断した。学校生活では主にバギーを使用しているが、授業中も食事中も後傾させていることが多く、重力にあらがうような姿勢をとることはほとんどなかった。このことが、自力での排痰の難しさにも影響していると考えられる。これまでの指導では、睡眠と覚醒のリズムが整っていないため、主に前庭覚や固有受容覚、聴覚などに働きかけることで覚醒を促すような学習に取り組んできた。感覚刺激に対して快・不快を示したり、音に気づくような様子が見られたりするので、抗重力姿勢で周囲からの働きかけに気づき、反応を返すことができるようにすることが重要である。

【3年後の姿から】

　座位などの姿勢を保持する学習の中で、教師の促しに応じて自分で体幹や頭部に適切な力を入れたり、他者からの働きかけに応答したりする力を身につけさせる必要がある。これらの力が自ら外界に働きかけることの土台になると考える。

3　課題関連図

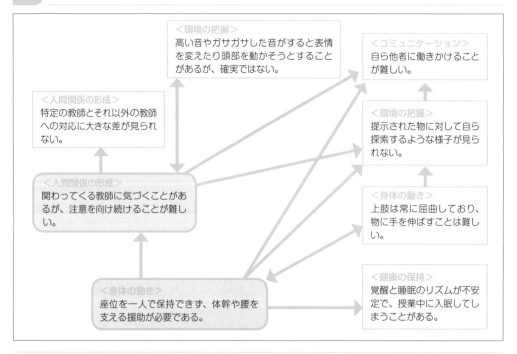

4 指導仮説

【3年後の姿】小学部5年生 ・・・
座位保持を椅子をできるだけ起こして学習に参加し、教師からの働きかけに
対して何らかの反応をすることができるようになってほしい。

【1年後の姿】
① 体幹や背中への援助を受けながら、テーブルに前腕をつけて過度
の筋緊張を入れずに、10分程度、椅子座位を保つことができる。
② 教師の言葉かけや玩具の音などの提示に気づいて、頭部や目を少
し動かす、表情を変える、口を開けるなどして応えることができる。

【指導仮説】

　座位を保持する力が高まることで覚醒水準が上がり、覚醒した状態で学習に取り組める時間が延びるのではないだろうか。また、座位が楽にとれるようになることで学習時に周囲の教師の言葉かけや音などにより注意を向けたり、働きかけに応答したりすることにつながるのではないだろうか。さらに、人や物への興味関心が高まることで、座位を保持した状態で自分から人や物へ手を伸ばすなど、より主体的な活動につながるのではないかと考えた。

【課題関連図に基づくPさんの現在の姿の解釈】

　小学部1年次の週5回の自立活動の時間の指導では、様々な感覚を経験したり呼吸の安定のために身体各部位の筋緊張をゆるめたりする学習に取り組んできた。揺れや振動などで覚醒したり、教師の働きかけに応じて身体の力を抜いたりすることはできるようになってきた。その一方、姿勢が従重力であることが多く、様々な感覚を経験する際も活動が受動的になりがちで、感覚刺激を受け入れることはできても、注意を向け続けたり自分から他の人や物に働きかけたりするには至っていない。

5　設定した指導目標

① 体幹や背中への援助を受けながら、テーブルに前腕をつけて過度の筋緊張を入れずに、１０分程度、椅子座位を保つことができる。
② 教師の言葉かけや玩具の音などの提示に気づいて、頭部や目を少し動かす、表情を変える、口を開けるなどして応えることができる。

6　指導目標を達成するために必要な内容の選定と指導内容の設定

《目標①》

　体幹や背中への援助を受けながら、テーブルに前腕をつけて過度の筋緊張を入れずに、１０分程度椅子座位を保つことができる。

区分	健康の保持	心理的な安定	人間関係の形成	環境の把握	身体の動き	コミュニケーション
項目			(1) 他者とのかかわりの基礎に関すること	(1) 保有する感覚の活用に関すること	(1) 姿勢と運動・動作の基本的技能に関すること	

具体的な指導内容	教師の促しに応じて、身体各部位（足首・肩周り・体幹・股関節）の緊張をゆるめる。	教師の援助を受けながら椅子座位をとり、促しに応じて頭部や体幹に適切な力を入れる。	テーブルに前腕をついて、一人で椅子座位を保持する。

《目標②》

教師の言葉かけや玩具の音などの提示に気づいて、頭部や目を少し動かす、表情を変える、口を開けるなどして応えることができる。

区分	健康の保持	心理的な安定	人間関係の形成	環境の把握	身体の動き	コミュニケーション
項目			(1) 他者とのかかわりの基礎に関すること	(1) 保有する感覚の活用に関すること		(1) コミュニケーションの基礎的能力に関すること

具体的な指導内容	教師の言葉かけや歌遊びに対して表情を変えたり目を動かしたりして応える。	光や音、動きのある玩具等を用いて気づきを促し、気づいたことを表情を変えたり目を動かしたりして表出する。	教師の援助を受けながら教材に手を伸ばす、触る。

■この事例を考えるうえでのポイント

・生活リズムの安定については、家庭との連携を含め、学校の教育活動全体を通じて取り組む必要がある。
・生活リズムの安定のために、生活全般で配慮すべき事項と、自立活動の指導として行えることを区別して整理し、指導目標を設定することが重要である。

17 自己の障害の状態に関する理解を図る指導

1 実態把握

中学部１年生　女子　脊髄性筋委縮症

・学年相応の目標・内容の学習に取り組んでいる。

・小学校の特別支援学級から、肢体不自由特別支援学校の中学部に入学した。

● ６区分から捉えた実態

【３年後の姿】高等部１年生・・・
自分の障害の状態を理解し、進行の防止に努めるとともに、困難なことに対して手段を工夫したり、周囲に必要な援助を求めたりすることができるようになってほしい。

<健康の保持>
自己の肢体不自由の状態は理解しているが、調整や改善の必要な周囲のことに自ら気づくことが少ない。

<健康の保持>
自分の病気の状態の理解が不十分で、進行の予防、適切な運動方法や運動量についてよく知らない。

<健康の保持>
側わんや膝関節の拘縮がある。

<身体の動き>
腕や指の筋力が弱くなり、車椅子をこぐことが難しくなった。

<身体の動き>
首や肩周りの可動域に制限がある。

<身体の動き>
座位でバランスを保つことが苦手で、手で支える必要がある。

<心理的な安定>
頸部の筋力が低下してきて、将来の自分の病状について不安を抱いている。

<人間関係の形成>
できていたことができなくなった経験などから活動に対して消極的だったり、行動することをためらったりする。

<人間関係の形成>
場や状況に応じて周囲の人に援助を依頼することができない。

<身体の動き>
手に力を入れることが難しい。

<身体の動き>
箸で食べたり、鉛筆で字を書いたりすることはできるが、疲れやすくなってきた。

【これまでの生活、学びの履歴】
・小学校では自立活動の時間は設定されておらず、指導を受けたことはない。
・理学療法の訓練に月に２回通い、主に関節の拘縮の予防に取り組んでいる。
・一人っ子で母親の援助を常に受けられる状況で生活をしている。

2 課題の抽出

【これまでの生活、学びの履歴から】

　身体各部位の筋力の低下や関節の拘縮については、主治医から疾患の特徴を聞き取り、担当理学療法士とも連携しながら、本人に負担過剰にならないよう指導を行っていく。どのような活動においても、疲労を感じることが多くなり、取組に消極的になってきている。小学校では、自立活動の指導はなく、体育の時間も身体面への配慮から運動する機会が少なかった。

【3年後の姿から】

　判断力を生かして自らの意思で主体的に生きていくために、必要に応じて周囲の援助を得ながら行動を実現する力を育てていきたい。病気の進行に伴い、首や手を動かすことが難しくなってきて、将来の自分の病状について不安を抱いている。医療機関と連携しながら、自分の障害の状態を理解し、進行の防止に努めるとともに、学校では、困難なことに対して手段を工夫したり、周囲に必要な援助を求めたりする力を身につける必要がある。

3 課題関連図

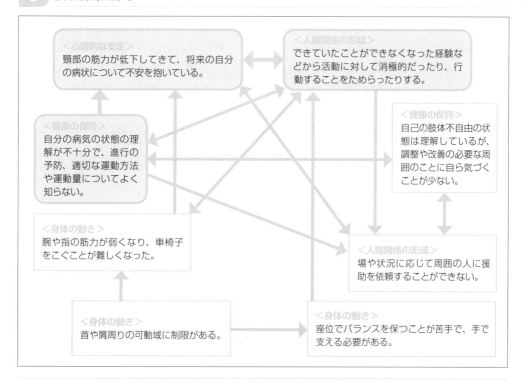

4 指導仮説

【3 年後の姿】高等部 1 年生 ・・・
自分の障害の状態を理解し、進行の防止に努めるとともに、困難なことに対して手段を工夫したり、周囲に必要な援助を求めたりすることができるようになってほしい。

【1 年後の姿】
「自分一人でも手段を工夫すればできること」や「援助があればできること」に気づき、選択する手段や必要な援助について特定の教師に説明することができる。

【指導仮説】

　身体の動きについては、動きそのものを向上させることよりも、他者からの援助や補助具の活用を図りながら目的の行動を実現する経験をさせていく。その中で、自分の身体がどのくらい動かせるのか、自分の動きだけではできないことでも、どのような援助や工夫があればできるようになるのかを具体的に知ることで、積極的に行動できるようになるのではないか。また、成功経験を重ねることにより、将来に対する不安が軽減され、自らの病気と向き合い、必要に応じて周囲に援助を求めることの重要さを認識できるようになるのではないか。

【課題関連図に基づく Q さんの現在の姿の解釈】

　頸部の筋力の低下などにより首や肩周りの可動域制限が顕著になってきたことによって、日常生活において姿勢保持や移動が難しくなってきた。そのことが、経験したことのない活動に消極的で何事にも躊躇しがちな姿勢に影響していると考えられる。また、自分の病気についての理解が不十分であり、将来の自分の病状に不安を抱いている。

5 設定した指導目標

「自分一人でも手段を工夫すればできること」や「援助があればできること」に気づき、選択する手段や必要な援助について特定の教師に説明することができる。

6 指導目標を達成するために必要な内容の選定と指導内容の設定

区分	健康の保持	心理的な安定	人間関係の形成	環境の把握	身体の動き	コミュニケーション
項目	(2) 病気の状態の理解と生活管理に関すること (3) 身体各部の状態の理解と養護に関すること (4) 障害の特性の理解と生活環境の調整に関すること	(3) 障害による学習上又は生活上の困難を改善・克服する意欲に関すること	(3) 自己の理解と行動の調整に関すること		(1) 姿勢と運動・動作の基本技能に関すること (4) 身体の移動能力に関すること	

具体的な指導内容	体幹や骨盤のサポートのある車椅子に座った状態で、机上の積み木を手を伸ばしながら取り、体の横の箱に入れた後、傾いた姿勢をまっすぐに戻す。	電動車椅子の操作に慣れ、周囲を確認しながら人などにぶつからないように移動する。	自分の病状や病気の特徴を知り、必要な援助を受けたり補助具を活用したりして、成功のために必要な工夫に気づく。

Point

■この事例を考えるうえでのポイント

・身体各部位の筋力の低下や関節の拘縮そのものを課題とすると指導目標を導き出しにくくなる。課題と配慮すべき事項を区別して整理することが重要である。
・困難なことに対して、手段の工夫や必要な援助を獲得することにより「できた」という実感を本人にもたせて、改善・克服の意欲の向上につなげるようにする。
・病気についての理解や病状の進行を受け止めることについては、家庭や医療機関と綿密に連携をとりながら丁寧に指導する。

18　できていたことの実行が徐々に難しくなってきた子どもの指導

1　実態把握

高等部 1 年生　男子　筋ジストロフィー（デュシェンヌ型）

・概ね中学校 2 年生の目標・内容の学習に取り組んでいる。
・運動障害が進行し、呼吸障害も見られはじめている。

●6 区分から捉えた実態

【3 年後の姿】卒業後の社会生活・・・
自分がやりたいことを実現するために、自ら手段を工夫したり他者に適切に依頼したりすることができるようになってほしい。

<健康の保持>
健康に過ごすために、室温や湿度などを適切に保つことへの気づきが少ない。

<健康の保持>
冬場になると痰が絡みやすく自力排痰が難しい。

<健康の保持>
自分の身体の変形防止や機能の維持のために何かをしようという意識は薄い。

<健康の保持>
上下肢の末端が冷えやすく、冬場には動かしにくい。

<健康の保持>
硬いものを咀嚼したり肉などを噛み切ったりすることが難しい。

<健康の保持>
服のしわや重なりで痛みを訴えたり、お尻の微妙な位置で違和感を感じたりする。

<健康の保持>
脊柱の右凸の側わんが進行している。

<心理的な安定>
できないことが多くなってきて、今後自分がどのようになるのか不安や悩みを抱えている。

<心理的な安定>
人前では緊張し、言いたいことがまとまらないことがある。

<コミュニケーション>
相手に分かりやすいように説明することが難しい。

<人間関係の形成>
自分に自信がなく、「～したい」と自ら言うことが少ない。

<人間関係の形成>
援助が必要な場面でも遠慮や気兼ねをして、依頼できないことがあり、特に慣れた人以外には依頼しようとしない。

<身体の動き>
電動車椅子を利用して安全に移動することができ、スラロームなどもスムーズにできる。

<身体の動き>
なんとかあぐら座位は保持できるが、寝返りや座位でお尻の位置を動かすことはできない。

<身体の動き>
腕を持ち上げることが難しいが、手先は器用に使い、パソコンや筆記、手芸などができる。

<環境の把握>
部分情報を組み合わせて全体を構成することが苦手である。

【これまでの生活、学びの履歴】
・小学部では、歩行、立位や座位の保持など運動機能の維持に関する指導が中心に行われてきた。
・中学部では、変形や拘縮の予防、パソコン操作、電動車椅子の使用などに関する指導が行われ、日常的に安全に本人が行きたいところへ移動することができるようになった。

2 課題の抽出

【これまでの生活、学びの履歴から】

　健康の保持で見られる「上下肢の末端の冷え」や「服のしわや重なりで痛み」については、教師側が配慮すべきこととして整理し、身体の動きにある「腕の動き」、健康の保持の「噛んで食べること」については、機能の向上は難しく維持をめざすという視点で整理することとした。

　また、中学部で身につけた電動車椅子の操作やパソコン操作の力は、日常生活の移動や教科学習の中で活用できるレベルにあると判断した。

【3年後の姿から】

　まずは活動の基盤となる健康状態を維持しながら、本人にとってのQOLを向上させるために、「どのようにしたらできるか」「自分にはどのようなことができるか」という考え方ができるようになることが大切である。また、社会に出てから自分がしたいことを実現するためには、自ら必要な援助を獲得する力が不可欠となるので、自分の意思を的確に相手に伝える力が必要であると考えた。

3 課題関連図

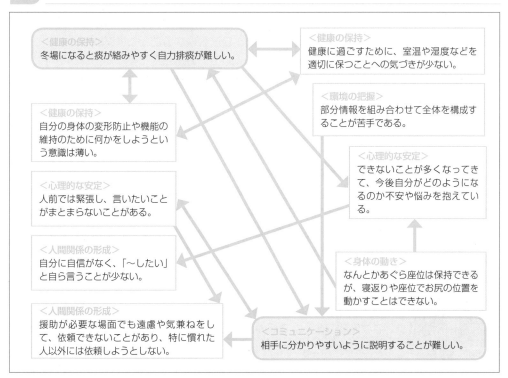

4　指導仮説

【3年後の姿】卒業後の社会生活・・・
自分がやりたいことを実現するために、自ら手段を工夫したり
他者に適切に依頼したりすることができるようになってほしい。

【1年後の姿】
①自分の身体の状態を踏まえ、教師に姿勢変換などの依頼をすることができる。
②鼻から息をゆっくり吸い込み、強く出したり長く出したりすることができる。

【指導仮説】

　自分が困っていることやしてほしいことを相手に分かりやすく言葉で伝える力を高めることで、特定の教師以外にも依頼できるようになるのではないか。残りの在学期間で、自分の言いたいことが確実に相手に伝わったという実感をもたせ自信につなげるために、「誰に」「いつ」「何を」「どうしてほしいのか」、必要なことを依頼する際の伝え方をパターン化して提示し、活用の機会を意図的に設けていく。自分一人で遂行が可能な場面か、他者の援助が必要な場面かを判断し、適宜依頼をして目的を達成する成功経験を積み重ねることを通して、自信や困難を改善・克服しようとする意欲の向上につなげていきたい。併せて、自分の体調や身体の状態への関心や理解を高め、自己管理することも指導していく。

　また、すべての土台となる健康状態の維持に向けて、呼吸機能に関する指導が不可欠であると思われる。呼吸機能については、深い呼吸動作などを身につけさせたり、自力でよりスムーズに排痰ができるようにさせたりしていきたい。

【課題関連図に基づく R さんの現在の姿の解釈】

　自分の病気については医師や保護者から聞いており、概ね理解しているものの、できていたことができなくなることで、自信をなくし今後に不安を抱えている状況にある。生活の中で支援を受けることが多くなり受け身的な様子が増え、「～したい」と自ら言うこと

が少なくなってきている。援助が必要な場面では、周囲への遠慮や気兼ね、自分の言いたいことを順序立てて相手に分かりやすく伝えることができないことが、慣れた教師にしか依頼しないという姿に影響していると考えられる。

　一方、筋力の低下による姿勢変換などの困難さから、同じ姿勢で過ごす時間が多くなる傾向にある。側わんの進行に伴う胸郭の変形により、排痰の難しさなど呼吸機能の障害が起こってきている現状にある。

5 設定した指導目標

①自分の身体の状態を踏まえ、教師に姿勢変換などの依頼をすることができる。
②鼻から息をゆっくり吸い込み、強く出したり長く出したりすることができる。

6 指導目標を達成するために必要な内容の選定と指導内容の設定

≪目標①≫
　　自分の身体の状態を踏まえ、教師に姿勢変換などの依頼をすることができる。

区分	健康の保持	心理的な安定	人間関係の形成	環境の把握	身体の動き	コミュニケーション
項目	(3) 身体各部の状態の理解と養護に関すること (4) 障害の特性の理解と生活環境の調整に関すること	(3) 障害による学習上又は生活上の困難を改善・克服する意欲に関すること	(3) 自己の理解と行動の調整に関すること	(5) 認知や行動の手掛かりとなる概念の形成に関すること	(2) 姿勢保持と運動・動作の補助的手段の活用に関すること	(5) 状況に応じたコミュニケーションに関すること

具体的な指導内容	自分でできること、やり方を工夫すればできること、援助が必要なことを整理する。	自分の身体の状態や何をどのようにしてほしいのかについて、具体的な言葉で特定の教師に説明する。	活動と休息に応じて、電動車椅子を自分に最適な角度に調整する。	特定の教師だけでなく、同じ学年の教師に自ら必要な依頼をする。

153

≪目標②≫

鼻から息をゆっくり吸い込み、強く出したり長く出したりすることができる。

区分	健康の保持	心理的な安定	人間関係の形成	環境の把握	身体の動き	コミュニケーション
項目	(1) 生活のリズムや生活習慣の形成に関すること	(3) 障害による学習上又は生活上の困難を改善・克服する意欲に関すること		(5) 認知や行動の手掛かりとなる概念の形成に関すること	(1) 姿勢と運動・動作の基本的技能に関すること	(2) 言語の受容と表出に関すること

具体的な指導内容	教師の援助に応じて体幹をひねったり、胸を広げたりする。	教師の援助を受けながら、腹式呼吸を行う。	吹き矢を遠くまで飛ばしたり、ロングトーンをしたりする。	自分で曲を決めてハーモニカで演奏する。

■この事例を考えるうえでのポイント　**Point**

・進行性の疾患であることから、身体機能を向上させることは難しいので、そこだけに目を向けないようにする。

・他者に自分の気持ちや身体の状態などを的確に伝える力を高めることが大切である。

・「自分でできた」と実感できるような場面を多くする。

・本人が打ち込めるものを見つけ、少しでも困難を改善・克服しようとする意欲の向上を図る。

・指導に携わる教師間や保護者と連携しながら、心理的な安定を図る。

自立活動の指導案

　自立活動の指導については、教科のように、学習指導要領に目標の系統性や扱う内容の順序性が示されません。「なぜ、今、この指導なのか」、その根拠の説明は、授業を担う教師に問われます。また、「これまでの指導で何を学んできたのか」は、個々の子どもによって異なることになります。

　そこで、自立活動の指導案には、今の子どもの実態をどのように理解し、今回の指導目標を設定することにしたのか、その「根拠」を明確に記すことが重要となります。

　指導案の項立ての例を以下に示します。参考にしていただければ幸いです。

「○○○の力を高める指導」

（1）指導課題（中心課題）設定の理由
　　1）対象児の実態　※6区分の視点から把握した実態を記す
　　2）これまでの「学びの履歴」
　　3）「卒業後に想定される生活」と「卒業時までに自立活動の指導を通して身につけてほしい力」
　　4）今年度の自立活動の指導で焦点化する中心課題
　　　　※実態から抽出した課題間の関連をどのように解釈したのかを記す
（2）指導目標及び指導内容
　　1）指導目標（年間目標）
　　2）指導内容
（3）本時について
　　1）本時の目標及び「個別の評価基準」
　　2）本時の展開
　　3）配置図

19 読んだり書いたりするのに 時間がかかる子どもの指導

1 実態把握

小学校４年生　男子

・通常学級に在籍し、通級指導教室は利用していない。
・知的障害はないが、「読むこと」や「書くこと」に苦手さがあるために学習についていけず、小学校２年生相当の学力を習得している状況である。

● 6 区分から捉えた実態

【３年後の姿】中学校１年生 ・・・
自らの学習上の困難と対応について理解したうえで、
各教科の授業を担当する教師に必要な手だてを依頼する
ことができるようになってほしい。

<健康の保持>
どのような状況や設定があれば読み書きがしやすくなるのかに気づいていない。

<健康の保持>
覚醒と睡眠のリズムが崩れがちで欠席することがある。

<心理的な安定>
注意されると興奮してしまい、落ち着くまでに時間がかかる。

<心理的な安定>
生活全般において自信のなさがうかがわれ、「ぼくできない。」と言うことが多い。

<心理的な安定>
急な予定変更があると混乱し、不安な表情を見せる。

<人間関係の形成>
担任とは会話が成立するが、他の先生に話しかけられても返事をしないことがある。

<人間関係の形成>
集団活動に参加することを好まない。

<環境の把握>
廊下からの物音に敏感に反応し、集中できないことが多い。

<環境の把握>
似た文字を読み間違えることがある。

<環境の把握>
活動の終了時間を気にすることが少なく、自分のペースで物事を進めることが多い。

<環境の把握>
鏡文字を書くことがあり、ノートの枠内に文字を収めることが難しい。

<身体の動き>
リズム運動や運動の模倣をすることが苦手で、動作自体がギクシャクしている。

【これまでの生活、学びの履歴】

・入学以来、通常学級に在籍しており、一斉授業の中で、担任による個別配慮（前方の席順、個別ワークシートの活用など）のもと、学習に取り組んできた。
・「読むこと」や「書くこと」に苦手さがあるために学習についていけず、小学校２年生相当の学力を習得している状況である。

2 課題の抽出

【これまでの生活、学びの履歴から】

　通常学級で学んでいる本児は、自立活動の指導がないため、問題数を減らしたワークシートの活用など、一斉授業における個別的な配慮のもとで学習に取り組んできた。しかし、「読むこと」や「書くこと」の困難が日々の学習に影響し、学年相応の目標を達成できていない状況にある。

【3年後の姿から】

　各教科の学習の成立に必要な読み書きの量は、今後、学年進行とともに一層増加することが想定される。3年後は中学に進学し、教科担当制のもと授業を受けることになる。本人が自らの学習上の困難を理解し、対応の工夫を把握しておくことが、各教科の授業を担当する教師に必要な手だてを依頼し、学習にしっかりと取り組む上で重要となる。

3 課題関連図

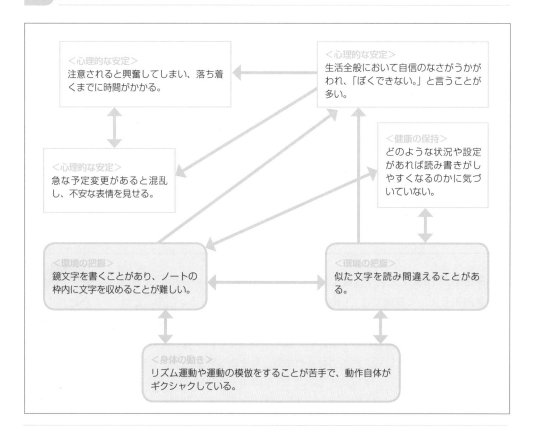

4　指導仮説

【3 年後の姿】中学校 1 年生 ‥‥
自らの学習上の困難と対応について理解したうえで、各教科の授業を
担当する教師に必要な手だてを依頼することができるように
なってほしい。

【1 年後の姿】
マス目のあるノートに適切な大きさで文字を書いたり、
似た文字の違いに着目しながら読んだりすることができる。

【指導仮説】

　S さんの読み書きの困難の背景には、空間における位置関係の把握に関する困難があると考えられる。各教科の授業において、自分のおへその位置との関係を把握しながら机上に置く教科書やノートの位置を考えさせたり、引き出しに荷物を片付ける順番で収納できる量が変わることに気づかせたりする。また、休み時間や帰りの会等の時間も活用しながら、自分と他者との距離感を適切に把握したり、前後左右等の方向を判断しながら動いたりする場面を意図的に設ける。これらの空間における位置関係を把握する力を高める指導と合わせて、読み書きの場面では、位置や方向を捉えやすくするためにマス目を活用したり、似た文字の違いを色で強調して確認したりしていく。動きを伴う活動や工夫によってできる経験を重ねることによって、自己肯定感を高めることにつなげていきたい。

【課題関連図に基づく S さんの現在の姿の解釈】

　S さんの「読むこと」や「書くこと」が難しい背景には、対象の形や方向、位置関係を正しく認識できていないことがあると考えられる。このことは、読み書きだけでなく、運動の模倣の苦手さや動作のぎこちなさにも影響していると考えられる。各教科の学習の様々な場面でうまくいかない経験を重ねることから、結果として、自信のなさや学習に対する意欲の低下につながっていると考えられる。

5 設定した指導目標（＊学校教育活動の全体を通して取り組む指導目標）

　マス目のあるノートに適切な大きさで文字を書いたり、似た文字の違いに着目しながら読んだりすることができる。

6 指導目標を達成するために必要な内容の選定と指導内容の設定

区分	健康の保持	心理的な安定	人間関係の形成	環境の把握	身体の動き	コミュニケーション
項目	(4) 障害の特性の理解と生活環境の調整に関すること	(1) 情緒の安定に関すること		(2) 感覚や認知の特性についての理解と対応に関すること (5) 認知や行動の手掛かりとなる概念の形成に関すること	(5) 作業に必要な動作と円滑な遂行に関すること	

具体的な指導内容	教師の示範の動きに合わせて、体を上下・左右・前後などの方向に動かす。	教科書やノートを、自分のおへその位置との関係（左右、正面、奥、手前等）を説明しながら机上に配置する。	必要に応じて色分けしたマス目の中に、偏やつくりを意識しながら漢字を書き写す。	間違いやすい似た文字について、違う箇所に配色し、違いを説明する。
想定される指導場面	体育、休み時間、帰りの時間など	机上学習を伴うすべての授業	国語の漢字学習、各教科の板書、宿題など	国語の漢字学習、宿題など

Point

■この事例を考えるうえでのワンポイント
・似た文字を間違えずに読んだり、文字を書いたりするためには、体の中心を軸としたボディイメージや、空間における位置関係を把握する力が必要となる。
・各教科等の目標や内容として扱える指導（必要な手だてを講じて行う指導）、各教科等の目標・内容では扱えず、休み時間を含めた教育活動で取り組む指導、教育活動全体を通して配慮していくこと、を区別して整理することが大切である。

20　同じクラスの友達とうまく関係を築くことが難しい子どもの指導

1　実態把握

小学校２年生　女子　自閉症スペクトラム

- 通常学級に在籍し、当該学年の学習に取り組んでいる。２年生から週に２単位時間、通級指導教室で学習している。
- 友達に嫌なことを言ったり、たたいたりすることがあり、度々トラブルになってしまう。

●６区分から捉えた実態

【３年後の姿】小学校５年生・・・
自分の思い通りにいかない場面でも落ち着きをなくさず、一旦考え、周囲の状況に合わせた言動ができるようになってほしい。

<健康の保持>
予定変更で不安になったときに、周囲の人に説明を求めるのが難しい。

<心理的な安定>
注意や叱責を受けると、興奮して教室から飛び出してしまうことがある。

<心理的な安定>
避難訓練や運動会など、日常と異なる状況が苦手である。

<人間関係の形成>
話をしていても相手と目を合わせない。

<人間関係の形成>
思わず友達が嫌がることを言ってしまうことがある。

<人間関係の形成>
大勢の集団活動で自分勝手に行動してしまい、活動の輪に入れない。

<心理的な安定>
急な日程変更があるとイライラして言動が荒っぽくなる。

<人間関係の形成>
体育などでルールの理解が難しく、うまく活動に参加できない。

<心理的な安定>
教科書を読む際に、特定のページにこだわって、なかなか先に進めないことがある。

<環境の把握>
約束の時刻に間に合わなかったり、終了時刻を守らなかったりすることがある。

<コミュニケーション>
会話の中で改めてその意味を尋ねると、よく分かっていないことが多い。

<人間関係の形成>
相手の制止を受け入れず、一方的に自分の話をしたがる。

<人間関係の形成>
できないときや困っているときでも周囲の人に助けを求めることをしない。

【これまでの生活、学びの履歴】
- 友人間のトラブルについて注意や叱責を受けることが多かったが、言動の改善はあまり見られなかった。
- 通級指導教室で学ぶようになり、少しずつ自分の言動を振り返ろうとする様子が見られるようになってきた。

2 課題の抽出

【これまでの生活、学びの履歴から】

　学校生活の中で、友達とのトラブルがあったり教師から注意を受けたりすると、興奮して教室から飛び出してしまうなどの行動が見られた。通常学級では、一旦落ち着くまでの間、その場から離れて過ごせるように、エスケープゾーンを設けて対応してきた。また、会話中に言葉の意味を尋ねるとよく分かっていないことがあったが、語彙を増やす指導を、国語の時間を中心に学校生活全体の中で行うこととしていた。2年生から利用を開始した通級指導教室では、これらの実態を自立活動の視点で捉え直し、他者の感情を読み取ったり、周囲の状況を把握したりすることに重点を置いた指導をかさねてきた。その結果、少しずつではあるが、友達とのトラブルが減ってきた。

【3年後の姿から】

　学年進行に伴い、子どもたち同士で過ごす時間が多くなる。自分がうまく物事を処理できずにイライラしたときの適切な対処の仕方を理解し、行動に移すことが必要となる。表情や態度から他者の感情を読み取ったり、自分の行動に対する周囲の状況の変化を把握したりする力を育むことが必要となる。学習を通して、自分の特徴を知り、感情が高揚した際に、一旦気持ちを落ち着かせる方法や、苦手な場面を自分から回避すること、自分で環境を調整することなどを身につけていくことが大切と考える。

3 課題関連図

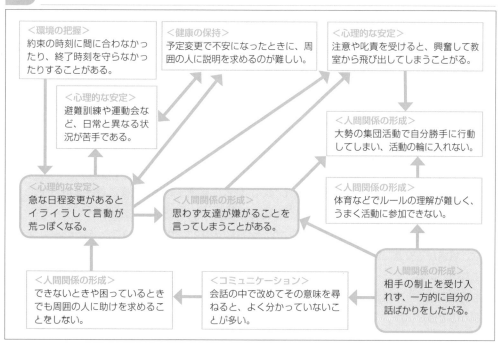

4　指導仮説

【3 年後の姿】小学校 5 校年生 ···
自分の思い通りにいかない場面でも落ち着きをなくさず、一旦考え、
周囲の状況に合わせた言動ができるようになってほしい。

【1 年後の姿】
教師の言葉かけがあれば、友達とトラブルになった場面を想起し、
その時の適切な発言を考えて行動に移すことができる。

【指導仮説】

　他者に意識を向けて感情や意図を理解したり、周囲の状況を踏まえて自分の行動を調整したりする力を高めることができれば、相手の嫌がる言動や教室を飛び出す機会を軽減させ、集団への参加を促すことができるのではないか。行動を振り返る学習の中で、自分の特徴を把握し、感情が高揚した際の対処の仕方を自覚できるように指導の工夫を図り、本人自身が日々の学校生活に生かせるようにしていきたい。

　また、時間の経過やそれに伴う環境の変化を的確に把握する力を育むことで、活動への見通しを描きやすくなるのではないか。

　なお、上記の指導仮説や今後の指導経過について通常学級の担任と十分に共通理解を図ることが、対象児の変容を引き出しその力を確かなものにするために不可欠である。

【課題関連図に基づく T さんの現在の姿の解釈】

　他者の感情を読み取ったり、周囲の状況を踏まえて自分の行動を調整したりすることの難しさから、相手の嫌がる言動となり、結果としてトラブルになっていたと考えられる。また、自分が伝えたいことを一方的に話してしまい、他者に意識を向けて意図を理解する力が弱いことが、言葉の意味を十分に理解できていなかったり、必要な支援を依頼できなかったりする背景にあるのではないか。必要な支援を依頼できないことは、情緒が不安定になる事態への対応を困難にし、トラブルが生じる要因にもなっている。また、時間の概念が十分に育っていないことが活動の見通しを困難にし、その結果、日程変更に落ち着いて対応できない状態になってしまうのではないか。

5 設定した指導目標（ここでは、通級指導教室における自立活動の目標）

　教師の言葉かけがあれば、友達とトラブルになった場面を想起し、その時の適切な発言を考えて行動に移すことができる。

6 指導目標を達成するために必要な内容の選定と指導内容の設定

区分	健康の保持	心理的な安定	人間関係の形成	環境の把握	身体の動き	コミュニケーション
項目	(4) 障害の特性の理解と生活環境の調整に関すること	(1) 情緒の安定に関すること (2) 状況の理解と変化への対応に関すること (3) 障害による学習上又は生活上の困難を改善・克服する意欲に関すること	(1) 他者とのかかわりの基礎に関すること (2) 他者の意図や感情の理解に関すること (3) 自己の理解と行動の調整に関すること	(5) 認知や行動の手掛かりとなる概念の形成に関すること		(1) コミュニケーションの基礎的能力に関すること

具体的な指導内容	イラストで描かれた表情や態度、場面の展開から、その人物の気持ちを考え、吹き出しの中に書き出す。	経験したトラブルの場面について、ロールプレイやイラスト化して振り返り、自分の言動による周囲の状況の変化に気づき、適切な対応を考える。	場面ごとに切り分け、順不同に提示された4コマ漫画の各カードを、話の展開に沿って並べ直す。	授業の経過時間や残り時間を量的に把握しやすい視覚情報（時計）を用いて、各活動に要した時間の把握や比較、残りの時間で取り組める学習の選択を行う。

Point

■この事例を考えるうえでのワンポイント

・友達との関係をうまく築けない背景には、他者の感情や意図に意識を向け理解する力や、活動の展開に見通しをもつことの難しさがあることを踏まえて指導を組み立てる。

・気持ちが高揚したときの対応の仕方については、できるだけ本人の学習の保障に支障をきたさない方法を検討する。

・通級指導教室における自立活動の指導で子どもが学んだ力を学校生活で生かすためには、通常学級の担任との連携が重要であり、そのためには、対象児に対する指導計画や指導経過はもとより、自立活動の考え方について共通理解を図ることが不可欠である。

第4章

自立活動の力量形成を図る「学びの場」

校内研修の実際と展望

1　自立活動の指導を担う教師の実態

　目の前の子どもたちに、何を、どのように学ぶ機会を設定すると、個々の子どもに確かな学力を培うことができるのだろうか……。教師は、授業に先立って、子どもの実態を把握し、指導目標・内容の分析や指導方法の吟味を行います。

　そのために必要となる各教科・領域等の目標・内容や指導法、子どもの発達に関する知識については、教員養成段階で学ぶ機会があります。しかし、習得した知識を実際の教育現場で生かして、子どもの学びが成立する授業として具現化する道のりは、決して容易ではありません。

　図1は、Huberman（1989）による「教職のライフサイクルにおける連続的な発達課題についてのモデル」です。

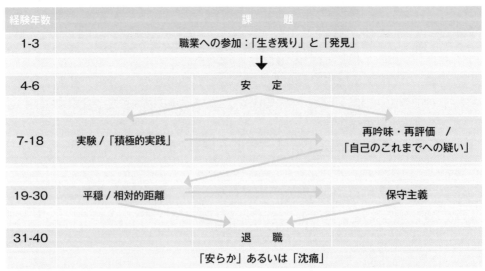

経験年数	課　　題		
1-3	職業への参加：「生き残り」と「発見」		
4-6	安　　定		
7-18	実験 / 「積極的実践」		再吟味・再評価 /「自己のこれまでへの疑い」
19-30	平穏 / 相対的距離		保守主義
31-40	退　　職		
	「安らか」あるいは「沈痛」		

Huberman（1989）秋田（訳）より作成

図1　教職のライフサイクルにおける連続的な発達課題についてのモデル

　「新任期」（1〜3年目）は「生き残り」と「発見」の時期とされています。明日の授業準備で精一杯の時期と言えるでしょう。この時期を経て、指導に一定の手応えを感じ始める「安定期」（4〜6年目）を迎えることになります。

　ところが、自立活動の指導を担う教師の場合、通常の教科指導に携わる教師に比して、自らの指導に一定の自信を見いだすまでに時間を要することが明らかとなっています。一木・安藤（2011）は、新任期（赴任1〜3年目）及び安定期（4〜6年目）にある教師は、自らが設定した指導目標の不確実性から日々の授業だけでなく、保護者対応や外部専門家との連携等においても不安を抱く実態を指摘しています。なお、中堅期（7〜18年目）及び熟練期（19年以上）の教師は、指導目標に一定の自信を持ちつつも、限られた在学期間における指導内容の精選に悩む実態にあることが明らかとなりました。

　このような教師の実態は、自立活動の指導における教師の力量形成を支える現職研修が重要不可欠であることを示しています。

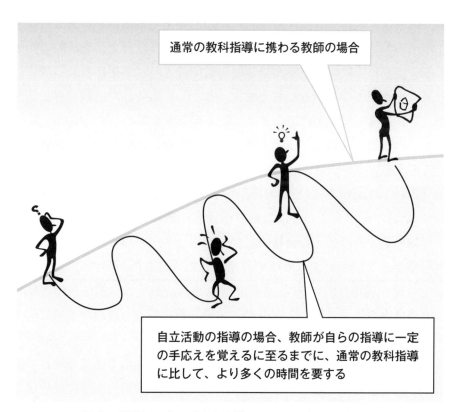

図2　指導に一定の手応えを覚えるに至るまでの道のり

2 教師の力量形成を支える校内研修

　教師の力量形成を支える現職研修には、各学校で実施される校内研修のほか、行政機関による研修や個人で取り組む研修等がありますが、日々の自立活動の授業で悩む教師にとって、担当する子どもについての個別具体的な悩みを解消する上で最も重要な研修は、自校における研修でしょう。個別の指導計画のPDCAの各プロセスにおける担任教師の悩みを解決する研修をどのように企画するとよいのか、また、その中で自立活動専任教師のような自立活動に関する専門的な知識や技能を有する教師がどのような役割を果たすとよいのか、研修の内容・方法や日々の指導体制の工夫等を各学校の実情に応じて検討することが重要です。

　ここでは、特別支援学校において、自立活動専任教師が中心となって組織的・計画的に実施されている研修について、企画の視点に着目しながら紹介します。

（1）全教師対象の研修会と希望者参加型の研修会

　特別支援学校に赴任する教師の教職経験の内容や年数は個々に異なります。ゆえに、個々の教師の研修ニーズも多様になります。各教師が自立活動の指導で抱える不安や悩みに実際の授業場面で個別に対応できれば、担任教師の研修ニーズをより満たす研修となるかもしれません。しかし、限られた人数の自立活動専任教師が、各授業場面に足を運ぶことには限界があります。

　より多くの教師に共通して伝達すべき知識や技能、教師間で共通理解を図る必要のある考え方については、校内研修会として研修を企画することになります。

　廣瀬（2015）によれば、長崎県立諫早特別支援学校（肢体不自由特別支援学校、教師約80名、小・中・高の各部に自立活動専任教師を1名ずつ配置）は、教師の教職経験の違いを踏まえた研修の必要性から、すべての教師を対象とした「自立活動研修会」と、希望する教師を対象とした「自立活動学習会」とに分けて、研修会を企画・実施しています。「自立活動研修会」では、担任教師が個別の指導計画の作成から授業実践、学習評価と学習評価に基づく計画の改善に取り組むそれぞれの時期に対応したテーマが設定されています。一方の「自立活動学習会」は、特別支援教育や肢体不自由教育経験が浅い教師に焦点を当てた研修です。研修内容は、自立活動専任教師が、日々の自立活動の授業について担任教師から寄せられる疑問や不安の中から、研修の必要性がより高いと判断したものを選定し設定しています。

表1　長崎県立諫早特別支援学校の自立活動研修会と自立活動学習会

	自立活動研修会	自立活動学習会
対象	全教師	希望者
目的	全体で押さえておくべき内容について研修したり、事例検討等を通して教員相互に高め合ったりすること。	教員個々のニーズに応じて、基本的な知識や具体的な指導方法、手技などについて学ぶこと。
内容設定	PDCA サイクルに基づいて、その時期で必要な内容を踏まえ計画する。	実践の中での悩みや疑問を解決できるヒントとなる内容、明日からの授業にすぐに生かせる内容を中心に扱う。
時期	平成 26 年度の内容	平成 26 年度の内容
4月	自立活動の個別の指導計画について　実態把握～課題関連図の整理～指導の方向性～目標設定のプロセス	やってみよう！ 課題関連から目標設定
5月	教科学習と自立活動の関連について（ICT 活用含む）	摂食指導の基礎・基本
6月	実態に応じた指導方法の工夫　～目標設定に必要な指導内容の設定～	身体への触れ方、動かし方について
7月	評価から授業改善について Part 1	姿勢保持と姿勢変換について
8月	外部専門家を活用した研修会　「肢体不自由のある児童生徒のコミュニケーション指導について」	コミュニケーション指導（やりとりの基礎、AAC 活用）
	外部専門家を活用した研修会　「肢体不自由のある児童生徒の主体的な動きを引き出すかかわり方について」	
9月	評価から授業改善について Part 2	重度・重複障害のある子どもの指導について
10月		学習の発達段階に応じた教材・協議 ①　～知覚運動の発達段階と初期学習について～
11月		学習の発達段階に応じた教材・協議 ②　～概念行動形成の学習について～
1月	事例報告　～ PDCA サイクルの検証～	教材作成会　～ ICT、AT 教材の作成～
		PDCA サイクルの検証　～事例報告を通して～

　さらに、長崎県立諫早特別支援学校では、学外から招聘した講師や自立活動専任教師が講師を務める講義形式の校内研修会だけでなく、担任教師の出番を意図的に設けた校内研修会が企画されています。例えば、事例に対する指導実践について協議する機会を設定し、その協議グループを教職経験の年数や内容の異なる教師により編制します。「新任期」や「安定期」にある教師が自らの指導実践を話題として提供し、「中堅期」の教師が助言者を務め、「熟練期」の教師が協議の

進行役を果たすといった具合です。それぞれの役割を果たすことにより、各教師がより主体的に研修に取り組み、自立活動の指導における成長を図れるように工夫されています。

（2）個々の担任教師に直接助言する取組

　ここでは、自立活動専任教師が個々の担任教師を直接支える取組の例を紹介します。

①個別の指導計画の作成

　本書の巻末に、長崎県立諫早特別支援学校の個別の指導計画の書式を掲載しています（資料3）。担任教師は、自立活動の実態把握チェックリスト（資料2）に照らして担当する子どもの実態を把握し、課題関連図の作成を経て指導仮説を検討します。指導仮説に基づき導き出した指導目標・内容については、学部ごとのケース会議で報告し、他の教師と協議を行う手続きになっています。

　このようなケース会議を実施している学校は多いと思いますが、次のようなことはないでしょうか。担任教師は、自らが設定した指導目標に不安を覚えた状態での提案になり、ぜひ助言を得たいと思っています。しかし、ケース会議を構成する他の教師も自立活動の指導には悩みを抱える状態で、なかなか意見が出ないという場合です。自立活動の指導を担う教師は、通常の教科指導に携わる教師に比して、自らの指導に一定の自信を見いだすまでに時間を要する現状（一木・安藤，2011）や、定期的に行われる教師の人事異動を考慮すれば、ケース会議で積極的に助言ができる教師は多くは存在しないと想定されます。

　そこで、長崎県立諫早特別支援学校では、ケース会議に提案する個別の指導計画のたたき台を担任教師が作成する時期に、自立活動専任教師に相談できる期間を設けています。この期間中、自立活動専任教師は、極力スケジュールを空けて相談に応じ、各担任教師のこれまでの自立活動の指導経験に応じた助言の工夫に努めています。

　このような機会は、担任教師にとって子どもに対する理解を深め日々の指導実践に関する悩みを整理する機会となるとともに、自立活動の指導における力量形成を図る上で自らが次に習得する必要のある知識や技術に気づく機会にもなります。また、こうして練られた個別の指導計画がケース会議に諮られることにより、検討資料は、提案した担任教師同様に日々の自立活動の指導に悩む他の担任教師にとって、事例に学ぶ貴重な研修資料となると考えます。

②外部専門家と担任教師の橋渡し

　平成21年3月に告示された特別支援学校の学習指導要領では、「複数の種類の障害を併せ有する児童又は生徒（以下「重複障害者」という。）については、専門的な知識や技能を有する教師間の協力の下に指導を行ったり、必要に応じて専門の医師及びその他の専門家の指導・助言を求めたりするなどして、学習効果を一層高めるようにすること。」が示されました。現在、重複障害のある子どもの教育を担う特別支援学校では、外部専門家との連携・協力の下、日々の実践が展開されていますが、その際に大事なことは、授業実践の主体者は教師であることの自覚です。

　図3は、長崎県立諫早特別支援学校で外部専門家とのやりとりを行う際のツールとして活用されている「パワーアップシート」です。この書式からは、担任教師に授業実践の主体者は教師であることの自覚を促した上で、自立活動の指導における担任教師の成長を支えたいという学校としての意図が読み取れます。担任教師は、あらかじめ①〜④を記載した上で、外部専門家の助言を求めます。助言の内容を⑤に記録し、その助言をどのように指導に生かしていこうと考えたのかを⑥に整理します。このプロセスの中で、自立活動専任教師は、日々感じている問題（③）をうまく言語化できずに悩む教師に助言をしたり、外部専門家の助言内容を専門用語を用いずに担任教師に分かりやすく伝えたりする役割を果たしています。

学年（　　　）　児童生徒名（　　　）　主担当指名（　　　）　担当専門家名（　　　）　助言年月日						
① 関連する年間目標						
② 学習内容						
③ 問題に感じていること（日付）	④ 行っている方法や手だて（日付）	⑤ 専門家からの助言（日付）	⑥ 助言を受けてどう整理したか	⑦ 修正した方法や手だて（日付）	⑧ 児童生徒の様子や変容	⑨ 教師の変容

図3　長崎県立諫早特別支援学校の「パワーアップシート」の書式

③日々の授業場面における具体的な指導助言

　小規模学校のよさを生かした自立活動専任教師の取組も見られます。

　長崎県立長崎特別支援学校は、全校児童生徒数（訪問教育含む）が約50名の肢体不自由特別支援学校です。各学部に1名ずつ自立活動専任教師を配置しています。自立活動専任教師は、所属学部の自立活動の授業でスーパーバイザーとしての役割を果たしています（山田，2015）。子どもの身体へのふれ方や動きの引き出し方、教材提示の位置や言葉をかけるタイミング等、必要に応じて、担任教師に代わって自ら実践して見せながら、個々の教師に助言をしています。担任教師自身が、子どもが授業で見せる姿や変容を教師の関わり方との関連で捉えられるように、助言の仕方の工夫も図られています。

（3）研修資料の作成と配付

　校内研修会や自立活動専任教師による個々の担任教師への直接的な助言のほかにも、自立活動に関する研修資料を学校独自に作成し、全教師に配付している学校もあります。広島県立福山特別支援学校は、自立活動専任教師が「自立活動だより」を発行しています（図4）。1年に5回発行されており、下記は1回分です。広島県立福山特別支援学校のホームページで閲覧することができます。

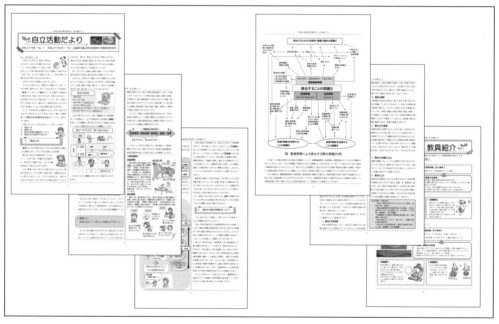

（http://www.fukuyama-sh.hiroshima-c.ed.jp/ より）

図4　広島県立福山特別支援学校の「自立活動だより」

3　研修企画の担い手の育成

　自立活動の指導における担任教師の成長を支えるためには、各学校における組織的・計画的な研修が不可欠です。今回はそのいくつかをご紹介しました。

　各学校には、自立活動専任教師をはじめとする自立活動の指導に高い専門性を有する教師を中心として、自校の規模や各教師の教職経験等を踏まえながら、より適切な研修を展開する企画力・実践力が求められます。

　しかし、団塊の世代の大量退職を経て、特別支援学校の教師は世代交代の最中にあります。実際には、自立活動の指導実践に根ざした研修の必要性を痛感していても、自校にその研修を担える人材がいる学校ばかりではありません。

　そこで、他校や他県の特別支援学校から自立活動の指導における高い専門性を有する教師を講師として迎え、校内研修会を開催している学校もあります。自立活動の高い専門性を有する教師の実践知に学び、日々の指導改善につなぐ研修を企画する際には、他校や他県の特別支援学校も視野に入れて講師を選定すること、また、その実践知に学ぶ研修を通して、将来的に自校や自県の研修企画を担う人材を意図的に育成していく視点も重要と考えます。

■引用・参考文献
・廣瀬雅次郎（2015）校内研修の取組と外部専門家の助言の生かし方，新重複障害教育実践ハンドブック，226-246.
・一木薫・安藤隆男（2011）重度・重複障害教育担当教師の描く指導の展望の背景と日々の職務への影響，障害科学研究，35，161-176.
・山田豊美香（2015）自立活動専任教師の取組，新重複障害教育実践ハンドブック，247-257.

2 教育センター研修の実際と展望

1 教育センターの取組の実際と今後の課題

（１）教育センターの役割

　第１章第３節で示したように、自立活動の授業では、指導目標や指導内容の設定における教師の裁量が大きくなります。このことは、個々の子どもの実態に即した指導が成立するか否かが、その指導を担う教師の力量によって大きく左右されることを意味します。

　しかし、自立活動の指導を担う教師には、１年先の子どもの姿も見通すことが難しく、日々の指導に不安を抱えている教師も少なくありません（一木・安藤，2010）。また、安藤（2015）は、教員養成を担う大学のカリキュラム上の課題として、自立活動に関する授業が十分に行われていない現状を指摘しています。これらの教員養成段階の課題や現職教師の実態から、自立活動については現職研修がきわめて重要であると言えます。

図１　教員養成段階における自立活動に係わる科目開設と現職教師の実態

教師の研修については、教育公務員特例法に以下のように規定されています。

第4章　研修　第21条

　教育公務員は、その職責を遂行するために、絶えず研究と修養に努めなければならない。

2　教育公務員の任命権者は、教育公務員の研修について、それに要する施設、研修を奨
　励するための方途その他研修に関する計画を樹立し、その実施に努めなければならない。

教育公務員の任命権者である行政機関による研修は、教育公務員特例法に規定された初任者研修（同法第23条）、10年経験者研修（同法24条）のほか、教職経験に応じた研修（5年経験者研修や15年経験者研修など）や職能に応じた研修（教務主任・研究主任・進路指導主任等を対象とした研修、校長や教頭を対象とした管理職研修など）等が実施されています。そして、教育委員会とともに教師の研修を担う機関として、教育センターが設置されています。

（2）教育センターにおける自立活動に関する研修の現状

　全国の都道府県及び政令指定都市には、教育センターや教育研究所が設置されています。現職研修の要である教育センター等では、自立活動の指導についてどのような研修が実施されているのでしょうか。

　次のページの表1は、47都道府県の教育センター等のホームページで閲覧可能なデータに基づき、研修名や研修内容に「自立活動」の記述が含まれた研修を示したものです。閲覧可能だった46の教育センターのうち、「自立活動」と明示した研修を企画していたのは30ヵ所で、3年以上の特別支援学校教職経験を有する教師を対象とした研修を実施していたのは22ヵ所でした（2015年度現在）。

　自立活動の指導を担う教師が自らの指導に一定の手応えを感じるまでには、通常の教科指導を担う教師以上に時間を要することは、前述のとおりです。教師の自立活動に関する研修ニーズのすべてに教育センターが応えることは現実的ではありません。しかし、現状をもって教育センターとしての役割を十分に果たしていると判断してよいか、改めて検討し、改善を図る余地はあると思います。

　なお、今回は「自立活動」の記述を含む研修を選定したため、実際には表1以外にも自立活動に関する研修が企画されているかもしれません。いずれにしても、自立活動の指導における教師の成長をどのように描き、それぞれの研修を企画しているのかについて、受講者が最初に目にする研修計画の文書（研修名や研修内容等）を通して分かりやすく伝えることが大事ではないでしょうか。研修に臨む

教師にとって、自らの教師としての成長に向けた次の一歩を自覚する機会となり、研修意欲の喚起にもつながると考えるからです。

表 1　教育センターで実施されている研修　（2015 年度）

都道府県	研修内容
A	自立活動の指導の意義と教育課程上の位置付け 自立活動の指導に役立つ専門性（①視覚・②聴覚・③認知発達・④身体の動き） 自立活動の指導の実際
B	教育課程と自立活動　・　自立活動の指導内容の具体化　・　自立活動の指導の実際 自立活動の指導内容の具体化　～実態把握・目標設定、指導内容の設定～ 自立活動の授業を考える　～評価から再計画へつなぐ～
C	自閉症教育と自立活動・視覚障がい教育における自立活動 肢体不自由教育における自立活動　・　聴覚障がい教育における自立活動
D	自立活動の指導の実際
E	知的障害教育における自立活動の指導
F	自立活動の意義　・　自立活動の指導の実際
G	自立活動の指導の在り方とその実際　・　個別の指導計画と自立活動の指導の実際）
H	自立活動について
I	障害特性に応じた自立活動の指導 個別の指導計画を生かした授業実践①②③（教科指導・自立活動・各教科等を合わせた指導）
J	自立活動の指導の在り方・自立活動の指導の実践（1）（2）・自立活動の指導の現状と課題（1）（2）
K	特別支援学校における自立活動 自立活動について
L	学習指導要領と自立活動 【自立活動指導者研修】 　自立活動の理念と指導の在り方・指導内容の設定について・自立活動の専門性の向上について
M	自立活動の基礎知識　・　自立活動の視点を取り入れた個別の指導計画の作成　（特別支援学級）
N	授業づくり－重度・重複障害のある子どものからだの動きを育てる指導－
O	児童生徒の実態把握に基づく個別の指導計画（自立活動）の作成と授業実践（LD・ADHD）
P	自立活動の実際
Q	自立活動の個別の指導計画の作成・自立活動の指導の実際
R	知的障害教育における自立活動の指導　・　指導の実際　（知的障害特別支援学級）
S	知的障害特別支援学校での自立活動
T	自立活動の個別の指導計画の作成　・　自立活動の指導の実際　・　自立活動の指導上の諸問題 【自立活動の指導リーダー研修講座】 　自立活動を推進するリーダーに期待されること・本県における自立活動を推進する上での課題 　学校組織で自立活動を推進するためのリーダーの役割と具体的な取組
U	学びと生活のベースを育む自立活動指導のコアを得る
V	特別支援学級における授業力向上～各教科等をあわせた指導と自立活動～

（3）研修の構造化

　　齋藤ら（2006）は、現職教師の研修ニーズを把握するために、盲・聾・養護学校の管理職者及び教師を対象に調査を実施しました。その中で、研修内容に関するニーズが高かった「指導法」や「児童生徒理解」などは、すべての教師を対象に、日々の教育実践の場である学校において On the Job Training として実施されることが望ましく、一方で、特定の教師を対象とする校外機関への短期・長期の派遣による研修は、Off the Job Training の対象としての実施が求められること、そして、必要な研修内容を、どの場で、誰を対象に実施するか、教員研修を目的的に構造化することが重要であることを指摘しています。

　　教師が自立活動の指導に関する研修に主体的に取り組む原動力として、実際の指導における手応えが欠かせません。個々の子どもの実態把握や指導法等、個別具体的な研修は、日々の教育実践の場である学校で On the Job Training としての実施が必要です。そのためには、校内研修を企画できる人材が不可欠となります。

　　教育センターには、自校の教師の自立活動に関する指導経験の内容や年数を考慮しながら、学校としての自立活動の指導力を向上させるための校内研修を担う人材の育成が求められます。その点で、T県の「自立活動の指導リーダー研修講座」（表１）は注目に値します。また、実際には、自立活動に関する研修の必要性を痛感しながらも、校内研修の企画立案や講師を担う教師の不在に悩む学校もあります。教育センターには、管轄下の学校における自立活動の指導の現状とともに、研修講師を担うことのできる教師を把握した上で、各学校の校内研修で活用できるように情報提供や教師派遣に必要な手続き等を整備するなど、自立活動研修コーディネーターとしての役割を果たすことも期待されます。

■引用・参考文献

・安藤隆男（2015）自立活動の指導における教師の成長を支える研修．新重複障害教育実践ハンドブック，199-213．
・一木薫・安藤隆男（2010）特別支援学校（肢体不自由）における自立活動を主として指導する教育課程に関する基礎的研究－教師の描く指導の展望に着目して－．障害科学研究，34，179-187．
・齋藤佐和・前川久男・安藤隆男・尾之上直美・瀬戸口裕二・原田公人・松原豊・雷坂浩之（2006）盲・聾・養護学校における現職教員研修ニーズ－特別支援教育体制への移行期における現状把握と展望－．心身障害学研究，30，129-138．

2　長崎県教育センターの取組の実際

（1）はじめに

　現在、インクルーシブ教育システム構築に向けた取組が着実に進展する中、特別支援学校の存在意義が問われ、教員の専門性向上が求められています。中でも、「特別支援学校の教員の専門性は自立活動なり」と言われるように、自立活動の指導に関する専門性の向上は、特別支援学校にとって至上命題です。しかし、本県においては、ベテラン教員の退職に伴う若手教員の増加や人事異動等により、自立活動の専門性をいかに担保し、向上を図るかが大きな課題となっています。

　そこで、当教育センターでは、平成27年度から、特別支援学校、教員養成大学の関係者と協議・検討を重ね、自立活動の指導を行う上で、教員に「身に付けてほしい力」は何か、「いつまでに」「どの程度」身に付ける必要があるかなど、力量形成を図るための研修体系等の構築に取り組んできました。本稿では、平成30年度に作成した「自立活動の力量形成に向けたチェックシート」及び「教育センターにおける自立活動に関する研修体系」とそれらを活用した現職研修の実際について紹介します。

（2）「自立活動の力量形成に向けたチェックシート」（以下、「チェックシート」）について
①作成の趣旨

　チェックシートは、自立活動の個別の指導計画作成の手続きに沿って、「身に付けてほしい力」をどの程度身に付けているかを教員自身が自己評価し、今後の自己の目標設定を適切に行うことができるようにするために作成しました（図1）。

　また、個々の教員がチェックした結果を集約することで、学校全体の専門性の高まりの状況を把握することができるため、今後、学校全体で必要となる研修や活用すべき外部専門家等を検討することにも活用することができます。

②チェックシートの内容

　チェックシートの縦軸には、自立活動の個別の指導計画作成の手続きに沿って、教員に「身に付けてほしい力」を配列しました。それぞれの力がどのようなことを意味しているのかを正しく理解してチェックができるようにするために、「身に付けてほしい力」について説明する資料を作成し、チェックシートと併せて活用することとしました（表1）。

　チェックシートの横軸は、縦軸の「身に付けてほしい力」に対する力量形成の

2018年 一木 薫（福岡教育大学） 長崎県教育センター 作成

自立活動の指導に係る力量形成に向けたチェックシート

前提	大学	自立活動の意義、教育課程上の位置づけの理解
		自立活動の内容・項目の理解
		教科指導との関連の理解（教科の目標・内容の理解を含む）
		実態把握から指導目標・内容の設定に至る手続きの理解
		「個別の指導計画」作成の目的の理解
		障害特性の理解
		発達の理解（発達諸側面の相互関連の理解も含む）
	自校	自校「個別の指導計画」の作成手続きの理解

チェックシート使用者	チェックシート使用の目的
□管理職・分掌主任等	例）自校の○年目教員の力量形成に関する現状把握と「身に付けさせたい力」の明確化
□自立活動を指導する教員	例）自身の力量形成に関する現状（強み、課題等）の把握

自立活動の指導において身に付けてほしい力			教育センターで内容を扱う講座	実施年度	他者の助言を受けながら				自分自身で、例えば				個人や組織の力量形成に向けて、例えば		力量形成の方法・場面は？
					助言をもとに理解できる	必要な質問を行い、得られた助言をもとに理解を深めることができる	助言を受けながら、実践をもとに他の教師に説明できる	助言を受けながら、保護者や関係者に自身の実践をもとに説明できる	一通り、一人で作成することができる	他の教師の実践を参考にし、適宜修正できる	他の教師に説明できる	保護者や関係者に説明できる	他の教師に助言できる	校内研修や地域の研修会で講師として、講義や助言等ができる	
実態把握		6区分に照らした現在の実態の把握	初任、2年 5年、自立	H30年											
		自立活動における学習の履歴の把握	初任、2年 5年、自立	H30年											
		過去や現在の家庭・地域生活の把握	初任、2年 5年、自立	H30年											
Plan	指導目標の設定	発達段階を踏まえた課題の抽出	初任、2年 5年、自立	H30年											①同僚（先輩教師）からの助言
		学習の履歴を踏まえた課題の抽出	初任、2年 5年、自立	H30年											②個別の指導計画の作成
		3年後の姿を描いた上での課題の抽出	初任、2年 5年、自立	H30年											③授業実践（指導案作成）
		課題間の関連性の整理	初任、2年 5年、自立	H30年											④校内研究
		課題関連図の作成を通した中心課題の設定	初任、2年 5年、自立	H30年											⑤校内研修会
		指導仮説の立案	初任、2年 5年、自立	H30年											⑥教育センター
		適切で具体的な（評価可能な）指導目標の設定	初任、2年 5年、自立	H30年											⑦自己研修
	指導内容の設定	項目の選定	2年、3年 5年、自立	H30年											⑧校務分掌
		項目を関連付けた指導内容の設定	2年、3年 5年、自立	H30年											⑨若手教員への指導・助言
Do	指導方法等	必要な指導方法等の理論の理解		H30年											⑩研究発表、論文作成等
		必要な指導方法等の選択と活用		H30年											⑪教育課程の編成
		授業展開の立案と実践		H30年											⑫保護者面談、教育相談
Check	学習評価	子どもの変容を捉える	3年、4年	H30年											⑬その他（外部専門家からの助言）
		目標の達成状況の評価	3年、4年	H30年											
		子どもの変容を自己の関わりと関連で捉える	3年、4年	H30年											
		授業の評価	3年、4年	H30年											
Action	指導改善	指導の改善点への気付き	4年	H30年											
		評価を受けての指導改善	4年	H30年											

長崎県として考える 5年目の教員の目安

長崎県として考える 11年目の教員の目安

力量形成に向けた今年度の目標

管理職・分掌主任等の目標例）
・若手教員（○年目）に「身に付けさせたい力」とその力量形成の具体的な方法、場面等

自立活動を指導する教員目標例）
・自身の「身に付けたい力」と、その力量形成の具体的な方法、場面等

図1 「自立活動の力量形成に向けたチェックシート」

表1　自立活動の指導において「身に付けてほしい力」の説明

実態把握		6区分に照らした現在の実態の把握	チェックリストなどを活用しながら、自立活動の6区分に即して実態を把握することができる。
		自立活動における学習の履歴の把握	過去の自立活動の個別の指導計画の目標や評価（達成状況）から、身に付いたこと、身に付きつつあること、学習したが身に付いていないこと、学習の機会がなかったことなどについて把握している。
		過去や現在の家庭・地域生活の把握	家族との関わりや家庭での過ごし方（余暇活動）、地域とのつながりなどを把握している。また、現在に至るまでの経緯（ライフスタイルの変化など）についても把握している。
指導目標の設定	課題の抽出	発達段階を踏まえた課題の抽出	現在の発達段階から、次の課題（少し努力すれば到達できそうな課題）を絞り込むことができる。
		学習の履歴を踏まえた課題の抽出	過去の個別の指導計画から、「学んで身に付いたこと」「学んで身に付きつつあること」「学んだが習得に到っていないこと」「まだ学んでいないこと」などについて把握し、課題を絞り込むことができる。
		3年後の姿を描いた上での課題の抽出	「3年後」のめざす姿を想定した上で、現在身に付けてほしい力を考え、課題を絞り込むことができる。
	中心課題の設定	課題間の関連性の整理	抽出した複数の課題同士の関係性について、「原因と結果」「相互に関連し合う」といった関係を矢印で結ぶなどしながら関連させて整理することができる。
		課題関連図の作成を通した中心課題の設定	課題間の関連性を踏まえて、中心課題（多くの課題と結び付いているもの、複数の課題の原因になっているもの→この課題が解決すれば他の課題の改善にもつながると考えられるもの）を導き出すことができる。
	指導仮説の立案	指導仮説の立案	課題間の関連性や中心課題を踏まえて、「〜な力を高めれば、〜することができるようになるだろう」といった指導仮説を立て、今年度の指導の方向性について文章化することができる。
	指導目標の設定	適切で具体的な（評価可能な）指導目標の設定	設定した教師以外でも評価できる具体的な指導目標（児童生徒の具体的な行動、時間・回数・場面・対象などの指標、支援の内容や量などの記載）を設定することができる。
	指導内容の設定	項目の選定	自立活動の内容に示されている項目の中から、指導目標を達成するために必要な項目を選定することができる。
		項目を関連付けた指導内容の設定	選定した項目を相互に関連付けて具体的な指導内容を設定することができる。
指導方法等		必要な指導方法等の理論の理解	現在担当している子どもを指導するうえで、必要な指導方法等の理論を理解している。
		必要な指導方法等の選択と活用	現在担当している子どもの実態に応じて、有効な指導方法を選択したり、組み合わせたりなどしながら指導に活かすことができる。
		授業展開の立案と実践	設定した指導目標や指導内容に基づいて、導き出したい子どもの姿を想定し、授業を展開することができる。
学習評価	子どもの評価	子どもの変容を捉える	日々の指導の中で、子どもの変容（できるようになった、思考していた、工夫していたなど）に気付くことができる。
		目標の達成状況の評価	日々の指導記録をもとに、指導目標に対して何がどの程度達成できたのかを評価することができる。（エピソード的な記録に陥らず、子どもの変容からどのような力がどの程度付いてきたのかを客観的に分析する）
	教師自身の評価	子どもの変容を自己の関わりとの関連で捉える	子どもの変容は、教師自身のどのような指導・支援によって見られたものなのかを関連付けて捉えることができる。（「教師が〜な関わり方をしたから、子どもは・・できるようになった」のではないか）
		授業の評価	設定した指導目標や指導内容の妥当性について検証したり、教師自身の指導に対する評価を行ったりすることができる。
指導改善		指導の改善点への気付き	子どもの評価と教師自身の評価を踏まえた上で、指導のどこを（指導目標、内容、方法、手立てなど）改善すればよいのかに気付くことができる。
		評価を受けての指導改善	改善点に対して、どのように改善すればよいか具体的な方策を考え、次時の指導に反映することができる。

段階（レベル）を示しています。力量形成の段階を「他者の助言を受けながら」「自分自身で、的確に」「個人や組織の力量形成に向けて」と大きく三つのステップに分け、さらに、それぞれを細分化し、全部で 10 段階に設定しました。

③チェックシートの記入の仕方

　各教員は、「身に付けてほしい力」の全ての項目について、自分自身がどの段階まで達成できているかを自己評価し、項目のセルに色をつけます。

　そして、それぞれの力をどのような場面や方法で身に付けたのかを、想定される場面や方法を列挙したものの中から選択し、該当するセルの中に書き込みます（図2）。

　このように、自己評価することで、自分の強みや課題を把握し、力量形成に向けた目標設定につなげていきます。

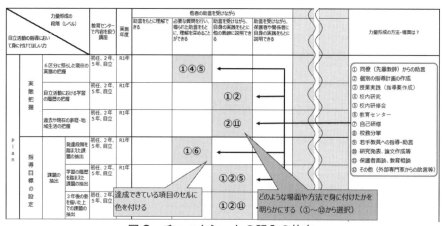

図2　チェックシートの記入の仕方

（3）「教育センターにおける自立活動に関する研修体系」について

①作成の趣旨

　当教育センターにおける研修で「どのような内容を」「いつ（どの研修で）」学ぶのかを体系化することで、教育センターと特別支援学校が連携や役割分担をしながら、効率的・効果的に研修を進めることができます。

②研修体系について

　当教育センターには、各経年研修のねらいを踏まえ、自立活動を体系的に学ぶことができる研修プログラムを構築しました（図3）。当教育センターで全ての障害種に応じた指導方法や手立てに関する研修を実施することは難しいため、障害種に関わらず共通の内容（図3の点線で囲んだ部分）について取り扱うこととしました。

　また、希望により受講可能な「自立活動の指導研修講座」では、自立活動についてさらに深く学ぶことができるようにしました。

教育センターにおける自立活動に関する研修体系

○：該当の経年研修で取り扱う内容　　※：希望で受講可能な「自立活動の指導研修講座」で取り扱う内容　　☆：「自立活動の指導リーダー研修講座」で取り扱う内容　　◇：出前講座、研究援助で取り扱う内容

自立活動の指導において身に付けてほしい力			ステージ（求められる姿）	第1ステージ 組織の一員として教育活動を展開し、学習指導や生徒指導等の実践力を磨く					第2ステージ プレミドルリーダーとして、組織運営に参画したり、学習指導や生徒指導等の専門性を高めたりする	第3ステージ ミドルリーダーとして、組織運営を推進したり、学習指導や生徒指導等の高度な実践を展開したりする	出前講座 研究援助
				1年目	2年目	3年目	4年目	5年目	6～11年目	12～16年目	
Plan	実態把握		6区分に照らした現在の実態の把握	○	○			○	※	※	◇
			自立活動における学習の履歴の把握	○	○			○	※	※	◇
			過去や現在の家庭・地域生活の把握	○	○			○	※	※	◇
	指導目標の設定	課題の抽出	発達段階を踏まえた課題の抽出	○	○			○	※	※	◇
			学習の履歴を踏まえた課題の抽出	○	○			○	※	※	◇
			3年後の姿を描いた上での課題の抽出	○	○			○	※	※	◇
		中心課題の設定	課題間の関連性の整理	○	○			○	※	※	◇
			課題関連図の作成を通した中心課題の設定	○	○			○	※	※	◇
		指導仮説の立案	指導仮説の立案					○	※	※	◇
		指導目標の設定	適切で具体的な（評価可能な）指導目標の設定		○	○	○	○	※	※	◇
	指導内容の設定		項目の選定		○	○		○	※	※	◇
			項目を関連付けた指導内容の設定		○	○		○	※	※	◇
Do	指導方法・手立て		必要な指導方法等の理論の理解								◇
			必要な指導方法等の選択と活用								◇
			授業展開の立案と実践								◇
Check	学習評価	子どもの評価	子どもの変容を捉える			○	○				◇
			目標の達成状況の評価			○	○				◇
		教師自身の評価	子どもの変容を自己の関わりとの関連で捉える			○	○				◇
			授業の評価			○	○				◇
Action	指導改善		指導の改善点への気付き					○			◇
			評価を受けての指導改善					○			◇

図3　教育センターにおける自立活動に関する研修体系

（4）研修講座等におけるチェックシートの活用について

①「自立活動の指導リーダー研修講座」における活用

　自立活動の指導力向上を組織的に推進するミドルリーダーの役割の重要性に鑑み、当教育センターでは、平成27年度から、特別支援学校の自立活動専任や研究主任等の推進リーダーを対象に「自立活動の指導リーダー研修講座」＜前期、後期＞を実施しています。

　前期（5月）においては、チェックシートを使用して自校の自立活動の力量形成の現状（強み・課題）を分析し、全教職員に身に付けてほしい力を焦点化した

うえで、その力量形成のための具体的な計画である「アクションプラン」（図4）を作成します。各受講者は、この「アクションプラン」をもとに、自校の教職員の力量形成に向けた取組を進めます。

後期（1月）では、「アクションプラン」に基づいた取組を持ち寄り、その成果と課題について共有を図りながら、次年度に向けた構想や展望について整理します。

このように、当教育センターでは、チェックシートを学校を基盤とした研修体制の確立や内容等の工夫等を検討するときに、自立活動の推進リーダーが思考のツールとして活用できるような研修を目指しています。

取り組みたい内容	適切に「課題の抽出」～「課題間の関連図の作成」ができる力を高める		
＜今年度の具体的な取組（案）＞			
いつ	誰が→誰に	何を（どのように）	期待される効果や反応
自立活動学習会 （4月）	自立活動専任→ 各担任	課題の抽出の視点の共有	作成の目的や留意点について ベースラインをそろえる
目標設定会 （5月）	担任→部主事、 自立活動専任、 教務主任	課題関連図の説明、検討	指導目標の制度が高まり、 子供の成長につながる

図4　自立活動の力量形成に向けたアクションプランの例

②調査研究における活用

当教育センターでは、平成30年度～令和2年度にかけて、「自立活動の指導に係る教員の力量形成チェックシートの活用と検証」をテーマに調査研究を実施しています。調査研究協力校（特別支援学校4校）と協働し、チェックシートを活用した特別支援学校の教員の自立活動の専門性・指導力向上のための組織的な研修の在り方について明らかすることが研究の目的です。

各調査研究協力校は、チェックシートを実施した結果をもとに、校内研修等の企画・運営等を行います。その際、当教育センターは、各調査研究協力校の現状を踏まえながら、企画への助言をしたり、協働で校内研修を実施したりします。

これらの実践データをもとに、教員の力量形成の向上させるうえでチェックシートが果たす役割や有効性を検証します。さらには、当教育センターにおける自立活動に係る研修内容の見直し、学校と教育センターにおける研修の役割分担や内容のすみ分けをするための資料としても活用していきたいと考えています。

3 自主的な研究会の取組と展望

1 長崎自立活動研究会創設の経緯とこれまでの取組

　長崎自立活動研究会（以下、本研究会とする）は、平成11年、肢体不自由養護学校の校長先生の呼びかけに賛同した県内の自立活動に関心がある教師が集まり、発会しました。学習指導要領の改訂による「養護・訓練」から「自立活動」への名称変更に伴い、指導の意義や実際について、それまで以上に説明責任が問われ始めた時期でした。個々の会員の自立活動における専門性や指導力を高めるために、養護・訓練の指導実践や学習指導要領改訂等に関する文献を読み解き、自立活動の指導について協議することからスタートしました。

　現在、毎月１〜２回、定例会を行っています。これまでの主な取組は、次の２点です。一つは、自立活動の授業づくりに役立つ冊子の作成です。もう一つは、年１回の「自立活動フォーラムin長崎」の開催です。

　以下、それぞれの取組について、説明します。

（1）自立活動の授業づくりに役立つ冊子の作成

　冊子の作成に着手したのは平成12年でした。その背景には、会員が所属する各学校の自立活動の指導を充実させるためには、指導の組み立て方について実践事例に基づいて具体的に説明した冊子を作成すること、そして、その冊子を活用しながら校内研修や授業における助言を行うことの必要性がありました。

　冊子を作成するためには、学習指導要領に示された自立活動の内容（当時は、５区分22項目）についての理解が不可欠となります。そこで、まず、22の各項目について、それぞれどのような学習の要素が含まれるのかを検討し、データベースを作成することにしました。各会員が、所属校に在籍する子どもの実態を想定し、関連文献を紐解きながら、一つ一つの項目について協議を重ねました。そして、平成16年２月に、データベースの第一弾をまとめることができました。

　その後、当初の目的であった冊子の作成に取り組みました。各学校に在籍する

子どもの実態を参考にしながら、自立活動の指導を担う教師が直面しそうな疑問や不安を「Q」に設定し、考えられる実践を「A」として整理しました。この際、次の一連の過程を踏まえて示すことを重視しました。まず、子どもの実態を分析し、つまずきの要因を推察して、必要な学習の要素をデータベースから選択する（＝自立活動の内容の項目の選定）こと、次に、選択したものを相互に関連づけて具体的な指導内容を設定すること、そのうえで、指導方法を検討すること、です。

　冊子「Ｑ＆Ａ」の作成では、各会員にＱを割り振りました。下記の事項を含む原案を担当者が提案し、議論を交わしながら仕上げる方法で臨みました。

　・「データベースから学習の要素を選択するポイント」
　　想定した実態の背景となる要因や、学習の要素を選択する上でのポイント
　・「選択した学習の要素（自立活動の項目）の関連」
　　指導内容の設定に先立って選択した学習の要素を示し、相互の関連を検討
　・「自立活動の時間における指導」
　　自立活動の時間における指導で行う具体的な指導内容、指導方法、配慮事項
　・「教育活動全体において」
　　自立活動の時間における指導を踏まえて、教育活動全体の中で行う意図的な
　　場面の設定や、配慮すべき事項

　冊子「Ｑ＆Ａ」をまとめる作業を通して各会員が抱いた実感は、自立活動は、区分や項目をバラバラに指導していては、子どもの変容を十分に引き出し学習効果を上げることはできない、ということでした。

　本研究会で提案する際、各会員は、自らの指導実践をもとに資料を作成します。子どもの変容に手応えを感じた指導実践もあれば、悩みを感じながら取り組んでいる指導実践もあります。実践でうまくいかなかったことを振り返りながら、客観的に自己の実践を分析し、区分や項目を相互に関連づける自立活動の指導の本質について考える機会となります。日々の実践について語り、協議することが、各会員の自立活動の指導における専門性の向上につながっていると考えています。

Q12 好きなおもちゃなど、物を使った一人遊びばかりで、人にかかわろうとしないのですが、どうしたらよいでしょうか。

★学習内容を選択する際の視点

人にかかわろうとせず、物を使った一人遊びばかりしている子どもは、自分の意思を相手に伝えたり、人とかかわる楽しさに気付いたりする経験を重ねていないことが考えられます。また、触覚や聴覚などの感覚に過敏がある場合においても、人とのかかわりや集団の中に入ることに抵抗を示すことがあります。

人とかかわることの心地よさを経験させていくために、まずは、安心できる教師との一対一の関係を作りましょう。好きなおもちゃを介したやりとりや、体をゆすられる遊びなど受け入れやすい遊びをしましょう。特定の教師との関係ができてきたら、他の教師や友達などとかかわる場面を増やしていきましょう。また、感覚過敏が原因で集団を拒む場合は、集団の大きさや集団に入る時間に配慮し、少しずつ慣れさせるとともに、安心して集団に入ることができるようにしましょう。

★学習内容の関連

【6】P32 <人とのかかわりの心地よさ>(1) 身近な人の存在に気づき、受け入れる。
(2) 大人とのかかわりに慣れる。
(3) 友達とのかかわりを育てる。
(4) 相手と目を合わせてかかわる。
【3】P114 <相互関係>(1) 教師とやりとりをする。
(2) 物を介して教師とやりとりをする。
【6】P33 <集団活動への参加>(1) 集団の一員として過ごす。
(2) 集団に適応して、友達や教師と一緒に活動する。
P35 <状況の変化への対応>(2) 場所や環境の変化に対応できるようになる。
【情】P38 <聴覚>(2) 人から触れられたり自分から人に触れたりすることに慣れる。

★自立活動の時間における指導

特定の教師とのかかわりを深めましょう。

○教師が子どもの動作や声、言葉などをそのまままねしながら遊んでみましょう。
・自分が何かをすると相手が同じように動いてくれたり、自分の出した声や言葉がその通り帰ってくることに気づかせ、相手を意識し、自分が受け入れられていることを実感できるようにしましょう。
○おもちゃを利用して子どもとやりとり遊びをします。
・まずは好きなおもちゃを利用し、徐々に他のおもちゃへと広げていくようにしましょう。
・特定の教師と愛着関係や信頼関係を築くことが対人関係の基盤となりますので、楽しさを共感しながらかかわれるようにしましょう。
○シーツブランコやトランポリンなどの「ゆれ遊び」をすることによって、子どもが自分の身体に気づいたり、揺らしている教師を意識したりするようにしましょう。
○歌に合わせて身体をさするなどのスキンシップや手遊び、「ギッコンバッタン」や「たかいたかい」、「お馬さんごっこ」など、相手を意識できるような遊びをしましょう。また、教師をより意識させるために、子どもの目の高さで呼びかけ、視線を合せてからかかわるようにしましょう。
※かかわる教師を、楽しいことをしてくれる人、安心してかかわることのできる人として認識できるように、楽しさを共有しながらかかわることが大切です。また、子どもの反応に意味付けをして言葉で返したり、子どもの要求を読み取って応じたりすることが大切です。呼名や呼びかけを頻繁に行い、子ども自身が自分に意識が向けられていることに気づくようにしましょう。

ひっぱりっこ　　ギッコンバッタン

★教育活動全体における指導

いろいろな人へかかわりを広げましょう。

○登下校時などには、あいさつをする人に気づかせ、相手を見てあいさつを返すように促しましょう。
○好きなおもちゃで遊んでいる時でも、周りの人の言葉かけなどの働きかけに対して、その人を見たり、表情や身振り、ことばで応えたりするように促しましょう。
○周りの教師や友達を意識してかかわることができる活動を設定していきましょう。
・教師や友達とペアを組んで活動することから始め、次第に少人数のグループで活動できるように促していきましょう。一緒に物を運んだり、同じ遊具でやりとり遊びをしたりすることで、相手や仲間を意識して活動できるようにしましょう。
○集団の中での係活動で、号令をかけたりあいさつをしたりする役割をもたせ、人に向かってかかわることができるようにしましょう。そのような活動で、達成感や充実感を味わわせることによって、周りの人との関係が深まるようにしましょう。

ちょっと一言
人とかかわることの楽しさや、集団の楽しい雰囲気を感じさせることが重要です。しかし、騒々しい音や大きな音など、音に過敏を示す場合が多いので、環境を整えるなどの配慮が必要です。
また、保護者と一緒に地域の活動等に参加して、人と触れ合う機会を多くもつようにしましょう。そのためには、それらの活動を主催している団体や活動の場について、保護者に情報を提供することも大切です。

図1　作成したQ&Aの一例

　平成20年には、学習指導要領改訂により自立活動の内容が6区分26項目に変更したことに伴い、データベースを改訂する作業に着手しました。新しく区分として設けられた「人間関係の形成」については、特に重点的に研修を行いました。特別支援教育の対象となる子どもを想定しながら検討作業を重ね、平成22年2月に「自立活動学習内容要素表」として完成させることができました。また、平成25年2月には、第5集となる「自立活動の指導Q＆A」をまとめました（図1）。

　そして、平成29年4月に告示された学習指導要領によって自立活動の内容が6区分27項目に改訂されたことに応じて、平成31年2月に「自立活動学習内容要素表　改訂版」としてまとめました。

（2）「自立活動フォーラム in 長崎」の開催

　本研究会は、発足当時から、毎年2月に「自立活動フォーラム in 長崎」を開催しています。フォーラムでは、講師の先生を招聘して自立活動に関する喫緊の課題に関する講演を行っていただくとともに、会員による本研究会の研究経過の報告や実践事例の発表も行います。発表に対する質疑や研究協議の機会を設け、参加者の気づきや疑問点をもとに協議を展開しています。

　自立活動の考え方や、実践事例に対する指導目標・内容や方法について意見を交換し、深く議論する機会は、会員にとって、自らの実践をよりよいものに改善していくうえで大変貴重な学びとなっています。

② 自らの実践を持ち寄り、学び合う

　これまで述べてきたように、本研究会は、毎月1〜2回の定例会を行っています。「自立活動学習内容要素表」や「自立活動の指導Q＆A」の作成及び改訂を通して、自立活動の指導の考え方や指導内容・方法等について議論し、研鑽を積んでいます。また、「自立活動フォーラム in 長崎」では、定例会での研究成果を報告し、参会者の方に質問や意見をいただくことで、自分たちの取組を評価、検証する機会となっています。「自立活動学習内容要素表」や「自立活動の指導Q＆A」は、全国の特別支援学校関係者をはじめ多くの方に手にとっていただいています。また、「自立活動フォーラム in 長崎」も毎年全国各地から200名を超す方がご参加くださり、令和元年度で第21回を迎えました。

　しかし、有志の教師による自主的な研究会を継続することは容易ではありません。そこで、以下、本研究会のよさや研究会を進めるうえでの工夫について、改めて考えてみたいと思います。

（1）人事異動に左右されない教師の学びの場

　特別支援学校の現職研修について、安藤（2015）は、「毎年、異動により人事の流動化が顕著」であり、そのため、「複数年にわたる研修計画が立ちにくく、研修成果の積み上げが困難な状況」であることを指摘しています。しかし、本研究会には、自立活動の指導実践に課題や悩みを抱きながら日々取り組んでいる教師や、勤務する学校の自立活動の指導を充実させるために校内の指導体制を構築したいと考えている教師が集まっています。所属校という枠を越えた教師の集団なので、人事異動に左右されることはありません。

（2）異年齢の教師で構成される研究会

　本研究会は、特別支援学校（特殊教育諸学校）を定年退職をされた先輩から、50代、40代、30代、20代と、各年層の会員で構成されています。勤務校や校内での役割も様々です。ベテランの会員は、自分が大切にしてきたことを後輩に継

承しよう、若い会員は、授業を充実させるために何か少しでも先輩から学びとろう、という気持ちで参加しています。この気持ちは、誰かからそうするように指導を受けたから生まれてきた気持ちではありません。「特別支援学校の教師としてより良い授業をしたい」「その実現のためには、今、自分は何をすればよいのか、どうあればよいのか」を考え、自ら導き出した結果です。自ら導き出した気持ちなので、研究会へ参加する姿勢は主体的なものとなります。

（3）自らの実践をもとに語る

　本研究会の根底に流れる考え方に「自らの実践をもとに語る」ことがあります。もちろん文献から学ぶことも多くありますが、先人の知見を踏まえて自ら授業等で実践した結果に基づいて、各自が提案資料を作成します。そして、その提案について、全員で検討・協議を行います。ときにはなかなか改善の方向性が見い出せなかったり、多様な考えが飛び交い収拾がつかなかったりすることもあります。そういうときには、実践の主体である提案者の悩みに立ち返り、提案者の考えを大事にして、協議を進めていくことが暗黙の約束事になっています。

　各自が私的な時間をやりくりして提案資料を作成し、定例会に参加するので、何かを得ようという姿勢がはっきりと現れます。このことが、20年以上、本会の活動が続いてきた大きな要因となっているのではないかと感じています。

　また、すべての会員に、自らの実践をもとに語る機会があり、資料の準備や発表に臨むことで、以下のような学びがあると考えています。

　　・自らの実践を振り返り、関連する文献等から得た知見と整理をして、言語化する。

　　・作成した提案資料について説明し、質問に対して答える。

　　・自分と異なる意見を聞き、新たな視点に気づいたり視野を広げたりする。

　　・自分の提案資料を見直し、他者により分かりやすい表現に修正する。

　特別支援学校の教師には、日々の授業の意図や成果について、子どもや保護者、関係者に分かりやすく説明する責任があります。本研究会で、この学びを継続していくことが、根拠をもって授業をつくり上げる確かな力につながっていくと考えています。

3　今後に向けて

　特別支援学校学習指導要領解説自立活動編（2018）には、「自立活動の指導において中心となる教師は、学校における自立活動の指導の研修全体計画等の作成に際し、担任や専科の教師、養護教諭、栄養教諭等を含めた全教師の要としての役割を果たすことを意味している」とあります。要となる教師には、担当する子どもの指導を的確に行うだけでなく、他の教師や外部専門家等と円滑に情報交換をしたり、自立活動と各教科等の指導の関連を組織的に考えたりすることが求められます。本研究会で学ぶ教師が、県内の特別支援学校で自立活動の指導の要となれるよう、さらに研鑽を積んでいきます。

　本研究会で先輩教師がよく語る言葉に「不易流行」があります。その言葉から、流行に左右されず確固たる信念をもって授業を丁寧に行うことと、多面的な視点をもち未知のことを知ろうとする柔軟な姿勢であり続けることの重要性を学んでいます。このことを後輩に引き継いでいくことが、私を含む中堅世代の使命です。長崎県は、日本の西端に位置し、情報収集や研修の機会に恵まれている訳ではありません。しかし、江戸時代から地域の文化を大切にしつつ、外国文化を受け入れていた先人の寛容で柔軟な県民性を受け継ぎ、「西からのさざ波」を合言葉に今後も活動に取り組んでいく所存です。

　現在、他の都道府県においても、有志の教師が自立活動の指導の充実に向けて取り組む研究会を発会する動きが広がっています。各研究会の取組について情報交換を図りながら、お互いに学び合い、自立活動の指導における教師の成長を支える場が増えていくことを期待しています。

■引用・参考文献
・安藤隆男(2015)自立活動の専門性の確保において現職研修が必要な背景．新重複障害教育実践ハンドブック．全国心身障害児福祉財団，199-213.
・文部科学省（2018）特別支援学校学習指導要領解説　自立活動編．

自主的な「学びの場」への一歩を

　ここでは、各学校や行政機関が主催する研修会以外で自立活動に関する研修ができる「学びの場」を紹介します。

1　自立活動に関する自主的な研究会

　全国には、「自立活動」を看板に掲げる研究会がいくつか存在します。例えば、長崎自立活動研究会（第4章3を参照）、つくば自立活動研究会、上越自立活動研究会、奈良自立活動研究会、福岡自立活動研究会、熊本自立活動研究会などです。各研究会の活動状況については、それぞれのホームページやブログで確認することができます。中には、定期的に開催する公開研究会で日々の研究成果を発信し、参加者との協議の場を設けている研究会もあります。このほかにも、例えば広島県では、県内の肢体不自由特別支援学校3校が日々の自立活動の実践を持ち寄り、研究協議を行う場を設けています。

　これらの学びの場に共通するのは、自立活動について学ぶ機会の必要性を痛感した有志の教師たちにより自主的に発足されている点です。他県の自立活動に関する研究会に参加した教師が、自らが教職を務める都道府県にも教師が共に学ぶ場を設けたいとの思いを抱き、仲間の教師に呼びかけ、数名の教師から研究会をスタートさせたケースもみられます。

　個々の教師が授業で直面する課題を解決する糸口を見いだすには、知識伝授型の研修だけでなく、このような有志の教師による、実践に基づく協議の地道な積み重ねが欠かせません。日々の自立活動の授業における疑問や悩みを打ち明ける仲間を、同じ学校に、同じ県の学校に、ときには他県に、一人でも二人でもつくることからスタートしましょう。

2　実態把握のツールや指導法に関する研修会

実態把握で活用される心理検査や発達検査等のツールや各種指導法に関する研修会は、数多く開催されています。単発的に参加する研修会もあれば、定期的に継続して参加し学ぶ研修会もあります。

ただし、各種検査や指導法は、自立活動の指導で必要に応じて活用するものであり、自立活動の指導そのものではないことを自覚しておくことが大事です。各研修に関する情報を収集するだけでなく、自校で（あるいは他校で）自立活動の指導に関して中心的な役割を果たしている先生に、これまでどのような研修を積んでこられたのか、直接尋ねてみるのもよいのではないでしょうか。今後自らが取り組む研修の道標を得ることができると思います。

3　実践研究について協議する機会

特別支援学校の教師が日々の実践をまとめて報告し、協議する機会の一つとして学会があります。中でも、日本特殊教育学会は会員に占める特別支援学校教師の割合が高い学会です。日本特殊教育学会は毎年9月に開催され、多くの指導実践が報告されています。過去の発表について、論文や雑誌等の学術情報に関するデータベース・サービス Cinii（http://ci.nii.ac.jp/）で検索することも可能です。

4　さいごに

「自立活動の指導に自信を持てない、悩んでいる」「少しでも子どもにあった授業になるよう自立活動について学びたい」等の思いを抱く先生方は、特別支援学校のみならず、特別支援学級や通級による指導を担当する先生方にもおられると思います。最近は、特別支援学校が開催する公開研究会に、幼稚園や小・中学校の通常学級の先生方が参加され、自立活動について質問される等、関心の高まりを実感します。

自立活動について学ぶことのできる場が十分にあるとは言い難いのが現状ですが、まずは、身近な先生へ不安や悩みを打ち明け、仲間づくりから始めましょう。そして、教師が集う場や実践報告のデータベースへ、一歩を踏み出してみませんか。そこにきっと貴重な出会いがあると思います。

資料

■資料1　特別支援学校小学部・中学部学習指導要領

第1章　総則　第1節　教育目標

　小学部及び中学部における教育については，学校教育法第72条に定める目的を実現するために，児童及び生徒の障害の状態や特性及び心身の発達の段階等を十分考慮して，次に掲げる目標の達成に努めなければならない。

1　小学部においては，学校教育法第30条第1項に規定する小学校教育の目標
2　中学部においては，学校教育法第46条に規定する中学校教育の目標
3　小学部及び中学部を通じ，児童及び生徒の障害による学習上又は生活上の困難を改善・克服し自立を図るために必要な知識，技能，態度及び習慣を養うこと。

第7章　自立活動

第1　目標
　個々の児童又は生徒が自立を目指し，障害による学習上又は生活上の困難を主体的に改善・克服するために必要な知識，技能，態度及び習慣を養い，もって心身の調和的発達の基盤を培う。

第2　内容
1　健康の保持
　(1)　生活のリズムや生活習慣の形成に関すること。
　(2)　病気の状態の理解と生活管理に関すること。
　(3)　身体各部の状態の理解と養護に関すること。
　(4)　障害の特性の理解と生活環境の調整に関すること。
　(5)　健康状態の維持・改善に関すること。
2　心理的な安定
　(1)　情緒の安定に関すること。
　(2)　状況の理解と変化への対応に関すること。
　(3)　障害による学習上又は生活上の困難を改善・克服する意欲に関すること。
3　人間関係の形成
　(1)　他者とのかかわりの基礎に関すること。
　(2)　他者の意図や感情の理解に関すること。
　(3)　自己の理解と行動の調整に関すること。
　(4)　集団への参加の基礎に関すること。

4 環境の把握
 (1) 保有する感覚の活用に関すること。
 (2) 感覚や認知の特性についての理解と対応に関すること。
 (3) 感覚の補助及び代行手段の活用に関すること。
 (4) 感覚を総合的に活用した周囲の状況についての把握と状況に応じた行動に関すること。
 (5) 認知や行動の手掛かりとなる概念の形成に関すること。

5 身体の動き
 (1) 姿勢と運動・動作の基本的技能に関すること。
 (2) 姿勢保持と運動・動作の補助的手段の活用に関すること。
 (3) 日常生活に必要な基本動作に関すること。
 (4) 身体の移動能力に関すること。
 (5) 作業に必要な動作と円滑な遂行に関すること。

6 コミュニケーション
 (1) コミュニケーションの基礎的能力に関すること。
 (2) 言語の受容と表出に関すること。
 (3) 言語の形成と活用に関すること。
 (4) コミュニケーション手段の選択と活用に関すること。
 (5) 状況に応じたコミュニケーションに関すること。

第3　個別の指導計画の作成と内容の取扱い

1　自立活動の指導に当たっては，個々の児童又は生徒の障害の状態や特性及び心身の発達の段階等の的確な把握に基づき，指導すべき課題を明確にすることによって，指導目標及び指導内容を設定し，個別の指導計画を作成するものとする。その際，第2に示す内容の中からそれぞれに必要とする項目を選定し，それらを相互に関連付け，具体的に指導内容を設定するものとする。

2　個別の指導計画の作成に当たっては，次の事項に配慮するものとする。
 (1) 個々の児童又は生徒について，障害の状態，発達や経験の程度，興味・関心，生活や学習環境などの実態を的確に把握すること。
 (2) 児童又は生徒の実態把握に基づいて得られた指導すべき課題相互の関連を検討すること。その際，これまでの学習状況や将来の可能性を見通しながら，長期的及び短期的な観点から指導目標を設定し，それらを達成するために必要な指導内容を段階的に取り上げること。
 (3) 具体的な指導内容を設定する際には，以下の点を考慮すること。
　ア　児童又は生徒が，興味をもって主体的に取り組み，成就感を味わうとともに自己を肯定的に捉えることができるような指導内容を取り上げること。
　イ　児童又は生徒が，障害による学習上又は生活上の困難を改善・克服しようとする意

　　　　欲を高めることができるような指導内容を重点的に取り上げること。

　　ウ　個々の児童又は生徒が，発達の遅れている側面を補うために，発達の進んでいる側
　　　　面を更に伸ばすような指導内容を取り上げること。

　　エ　個々の児童又は生徒が，活動しやすいように自ら環境を整えたり，必要に応じて周
　　　　囲の人に支援を求めたりすることができるような指導内容を計画的に取り上げるこ
　　　　と。

　　オ　個々の児童又は生徒に対し，自己選択・自己決定する機会を設けることによって，
　　　　思考・判断・表現する力を高めることができるような指導内容を取り上げること。

　　カ　個々の児童又は生徒が，自立活動における学習の意味を将来の自立や社会参加に必
　　　　要な資質・能力との関係において理解し，取り組めるような指 導内容を取り上げ
　　　　ること。

　(4)　児童又は生徒の学習状況や結果を適切に評価し，個別の指導計画や具体的な指導の改
　　　善に生かすよう努めること。

　(5)　各教科，道徳科，外国語活動，総合的な学習の時間及び特別活動の指導と密接な関連
　　　を保つようにし，計画的，組織的に指導が行われるようにするものとする。

3　個々の児童又は生徒の実態に応じた具体的な指導方法を創意工夫し，意欲的な活動を促
　すようにするものとする。

4　重複障害者のうち自立活動を主として指導を行うものについては，全人的な発達を促す
　ために必要な基本的な指導内容を，個々の児童又は生徒の実態に応じて設定し，系統的
　な指導が展開できるようにするものとする。その際，個々の児童又は生徒の人間として
　調和のとれた育成を目指すように努めるものとする。

5　自立活動の指導は，専門的な知識や技能を有する教師を中心として，全教師の協力の下
　に効果的に行われるようにするものとする。

6　児童又は生徒の障害の状態等により，必要に応じて，専門の医師及びその他の専門家の
　指導・助言を求めるなどして，適切な指導ができるようにするものとする。

7　自立活動の指導の成果が進学先等でも生かされるように，個別の教育支援計画等を活用
　して関係機関等との連携を図るものとする。

H31.4　長崎県立諫早特別支援学校

児童生徒名		学部	1回	年	月	日記入	記録者	
		年	2回	年	月	日記入		
		学部	1回	年	月	日記入	記録者	
		年	2回	年	月	日記入		
		学部	1回	年	月	日記入	記録者	
		年	2回	年	月	日記入		

※各年度の**1回目**のチェックは**黒**で、**2回目**のチェックは**赤**でお願いします。

また、その年度の課題にかかわる項目には、「**関**」の欄に◎をつけてください。

☆諸検査等との関連について
　遠‥遠城寺式乳幼児分析的発達検査
　ポ‥ポーテージ乳幼児教育プログラム
　Ｓ‥Ｓ-M社会生活能力検査
　M‥MEPA-R
　MⅡ‥MEPA-Ⅱ
　動‥動きづくりのリハビリテーションマニュ
　　　アル個人チェックリスト
　田‥田中ビネー知能検査Ⅴ
　Ｗ‥WISC-Ⅲ知能検査

記入の仕方について
★8割以上できる‥‥Yes
　8割未満‥‥No
★ただし3割以上8割未満の場
　合は、指導の「備考」欄にど
　のような援助や環境設定があ
　ればできるのかを記載する。

自立活動チェックリスト 《健康の保持》

指導事項	NO	チェック項目	諸検査等との関連	年 YorN	関	年 YorN	関	年 YorN	関
覚醒と睡眠	1	学校生活の中であまり寝ることはない		Y N		Y N		Y N	
	2	はっきりと目覚めた状態でいつも学習できる	ポ：乳　　MⅡ：健	Y N		Y N		Y N	
	3	睡眠と覚醒リズムが安定しており、十分な睡眠がとれている ※ウトウトの原因がはっきりしているときは備考へ	MⅡ：健	Y N		Y N		Y N	
備考									
健康状態の	4	てんかん発作がみられない		Y N		Y N		Y N	
把握	5	喘息発作がみられない		Y N		Y N		Y N	
病気の状態	6	アレルギー体質ではない		Y N		Y N		Y N	
の理解と対処	7	心疾患がない		Y N		Y N		Y N	
身体各部の	8	自力での排便が可能である ※緩下剤等の使用は備考へ		Y N		Y N		Y N	
状態の理解	9	腎機能、膀胱などの泌尿器系に疾患がない		Y N		Y N		Y N	
と対処	10	身長と体重のバランスがとれている		Y N		Y N		Y N	
	11	側彎や脱臼、骨折しやすいなどの骨格形成上の問題がない		Y N		Y N		Y N	
	12	褥瘡や皮膚疾患がない		Y N		Y N		Y N	
	13	その他の疾患がない		Y N		Y N		Y N	
備考									
体温の調節	14	外気温によって体温が左右されない ※左右された後の有効な対処等があれば備考へ		Y N		Y N		Y N	
	15	四肢末端部に冷感がみられない		Y N		Y N		Y N	
備考									

呼吸・脈拍	16	脈拍が安定している ※安定していない場合は備考へ		Y	N		Y	N		Y	N	
	17	姿勢変換や運動の後に脈拍数の変化があるが、しばらくすると正常値に戻る		Y	N		Y	N		Y	N	
	18	呼吸が安定している		Y	N		Y	N		Y	N	
	19	喘鳴がない		Y	N		Y	N		Y	N	
	20	鼻翼呼吸や陥没呼吸など努力せずに呼吸をしている		Y	N		Y	N		Y	N	
	21	姿勢が安定していれば、舌根沈下や下顎後退などによる呼吸の乱れはみられない　※姿勢に制限がある場合は備考へ		Y	N		Y	N		Y	N	
	22	首の過伸展によって呼吸が乱れることはない		Y	N		Y	N		Y	N	
	23	ゆったりとした一定のリズムで呼吸ができ、呼吸援助を必要としない		Y	N		Y	N		Y	N	
備考												
排痰	24	痰の絡みが日常的には見られない		Y	N		Y	N		Y	N	
	25	痰や分泌物が多くても、援助などによって出すことができる		Y	N		Y	N		Y	N	
	26	痰や分泌物を自力で出したり、飲み込んだりすることができる		Y	N		Y	N		Y	N	
備考												
食事	27	口周辺の刺激に対する反応や動きに問題がない	ポ：乳、運～1Y	Y	N		Y	N		Y	N	
	28	口腔内の刺激に対する反応や動きに問題がない	ポ：乳、運～1Y	Y	N		Y	N		Y	N	
	29	鼻呼吸が3秒以上できる		Y	N		Y	N		Y	N	
	30	口から食事をすることができる ※初期、中期、後期、完了期から食べているものを備考へ	遠：基4M　MⅡ：日 ポ：身～1Y　動：食	Y	N		Y	N		Y	N	
	31	口唇の開閉動作をすることができる	ポ：乳	Y	N		Y	N		Y	N	
	32	舌を動かして食べ物をおしつぶすことができる		Y	N		Y	N		Y	N	
	33	舌を動かして食べ物を奥に運ぶことができる		Y	N		Y	N		Y	N	
	34	よく噛んで食べることができる	動：食	Y	N		Y	N		Y	N	
	35	飲み込めるように食塊を形成できる		Y	N		Y	N		Y	N	
	36	食べ物をむせずに飲み込むことができる	動：食	Y	N		Y	N		Y	N	
	37	水分をむせずに飲み込むことができる	ポ：身～1Y	Y	N		Y	N		Y	N	
	38	水分をとろみをつけて飲むことができる		Y	N		Y	N		Y	N	
	39	水分をそのままスプーンやコップから一口飲みができる	遠：基4M　MⅡ：日 ポ：身～1Y	Y	N		Y	N		Y	N	
	40	水分をコップから連続飲みができる	S：身～1Y11M MⅡ：日 ポ：身～1Y　遠：基11M	Y	N		Y	N		Y	N	
	41	水分をストローで飲むことができる	遠：基1Y8M ポ：身～3Y　MⅡ：日	Y	N		Y	N		Y	N	
備考												
排泄	42	時間を定めてトイレに行くと排泄できる ※成功の度合については備考へ	ポ：身～3Y MⅡ：日　動：排	Y	N		Y	N		Y	N	
	43	尿（便）意を何らかの手段で伝えることができる	遠：基2Y　MⅡ：日 S：身2Y～3Y5M　動：排 ポ：言～3Y、身～3Y	Y	N		Y	N		Y	N	
	44	便器の形状が工夫されていたり、手すりの設置等がされていたりする便所であれば援助を受けて使うことができる		Y	N		Y	N		Y	N	
	45	日常使っている便所であれば一人で排泄できる	S：身2Y～3Y5M　動：排 ポ：身～5Y　MⅡ：日	Y	N		Y	N		Y	N	
	46	日常使っている便所でなくても一人で排泄できる	S：身3Y6M～4Y11M 動：排	Y	N		Y	N		Y	N	
備考												

清潔・衛生	47	歯磨きの習慣が身に付いている	ポ：身〜4Y	Y	N		Y	N		Y	N	
	48	手洗いの習慣が身に付いている	ポ：身〜3Y	Y	N		Y	N		Y	N	
	49	洗面の習慣が身に付いている	遠：基3Y4M ポ：身〜3Y	Y	N		Y	N		Y	N	
	50	身の周りの衛生（よだれ、鼻水、爪、髪の毛など）の必要性に気付いている	ポ：身〜5Y	Y	N		Y	N		Y	N	
	51	身の周りの衛生に関する対処ができる	S：身3Y6M〜4Y11M ポ：身〜5Y	Y	N		Y	N		Y	N	

備考

健康状態の	52	体調が悪い時は、身近な人に伝えることができる		Y	N		Y	N		Y	N	
把握	53	食事や睡眠など規則正しい生活をする		Y	N		Y	N		Y	N	
病気の予防	54	好き嫌いをせず出されたものは残さず食べる	ポ：身〜4Y	Y	N		Y	N		Y	N	
体力の維持	55	適度に運動している		Y	N		Y	N		Y	N	
食生活の管理	56	自分で薬の服用などができる		Y	N		Y	N		Y	N	
身体各部の	57	気温や体温の変化に応じて、自分で衣服の調節ができる		Y	N		Y	N		Y	N	
状態の理解	58	自分の身体各部の状態や健康状況を知り、それに応じた生活ができる		Y	N		Y	N		Y	N	
と対処	59	コルセットや装具等を自分で正しくつけることができる		Y	N		Y	N		Y	N	
補助具や移動 機器などの管理	60	車椅子のブレーキやタイヤ、転倒防止装置などの状態に気づき、それに応じた対処ができる		Y	N		Y	N		Y	N	

備考

生活環境の	61	食べられるものとそうでないものなどの区別ができる	ポ：身〜3Y	Y	N		Y	N		Y	N	
整備	62	危険なものがわかったり、危険な場面を察知したりする	遠：基4Y4M ポ：身〜5Y	Y	N		Y	N		Y	N	
	63	危険な場面や状況に対して回避しようとする	遠：基4Y4M ポ：身〜5Y	Y	N		Y	N		Y	N	
	64	自分で温度・湿度・明るさなどをチェックして衣服などの調節ができる	ポ：身〜5Y	Y	N		Y	N		Y	N	

備考

自立活動チェックリスト 《心理的な安定》

指導事項	NO	チェック項目	諸検査等との関連	年 YorN	関	年 YorN	関	年 YorN	関
情緒のめばえ	1	表情やしぐさで、快・不快を表すことができる	ポ：乳、認～1Y MⅡ：コ0～3M　動：表	Y N		Y N		Y N	
	2	喜怒哀楽などの表情の変化が豊かである	動：表	Y N		Y N		Y N	
	3	情緒が安定している		Y N		Y N		Y N	
備考									
安定した気持ちでいるには	4	自傷行為がみられない	動：問	Y N		Y N		Y N	
	5	他傷行為がみられない	ポ：社～5Y 動：問	Y N		Y N		Y N	
	6	常同行動がみられない	動：問	Y N		Y N		Y N	
	7	独語や話しかけられた言葉をそのまま返すことなどがみられない	動：問	Y N		Y N		Y N	
	8	はっきりした理由もなく動き回ることがみられない	動：問	Y N		Y N		Y N	
	9	物事にこだわって固執することはない	動：問	Y N		Y N		Y N	
	10	注意の集中・持続が可能である	動：問	Y N		Y N		Y N	
	11	その他の問題行動がみられない		Y N		Y N		Y N	
備考									
状況の理解 状況の変化への対処	12	時間や日程、活動の順序などに見通しが持てる		Y N		Y N		Y N	
	13	場所や周りの人の変化に気づくことができる		Y N		Y N		Y N	
	14	場所や周りの人の変化に対応できる	ポ：社～6Y	Y N		Y N		Y N	
	15	日常とは違う日程や活動内容に対応できる		Y N		Y N		Y N	
	16	慣れない人の前でも落ちついて適切な行動がとれる	遠：対2Y S：自3Y6M～4Y11M ポ：社5～6Y	Y N		Y N		Y N	
備考									
改善・克服への取り組み	17	人からの指示や援助があれば活動ができる	遠：対1Y4M ポ：身～4Y、認～3Y、運～3Y	Y N		Y N		Y N	
	18	自分から積極的に活動ができる	ポ：社～6Y	Y N		Y N		Y N	
	19	援助の必要性を感じ、自分で援助を求めることができる	遠：対1Y6M ポ：社～5Y	Y N		Y N		Y N	
備考									

自立活動チェックリスト 《人間関係の形成》

指導事項	NO	チェック項目	諸検査等との関連	年			年			年		
				YorN		関	YorN		関	YorN		関
人への関心	1	特定の教師からのかかわりに対して、視線を向けたり声を出したりするなどの応答が見られる ※「誰に」「どんな様子で」を備考欄に記載	遠：対4M　動：理 ポ：乳児期 MⅡ：コ0〜3M	Y	N		Y	N		Y	N	
	2	相手と目と目が合う	遠：対2M ポ：乳、社〜1Y MⅡ：コ0〜3M	Y	N		Y	N		Y	N	
	3	特定の教師に対して、自分から視線を向けたり、声を出したりするなどの行動が見られる ※「誰に」「どんな様子で」を備考欄に記載	遠：対5M MⅡ：コ0〜3M	Y	N		Y	N		Y	N	
	4	特定の教師以外の人からのかかわりに対して、視線を向けたり、声を出したりするなどの応答が見られる ※「誰に」「どんな様子で」を備考欄に記載	遠：対5M MⅡ：コ0〜3M	Y	N		Y	N		Y	N	
	5	特定の教師以外の人に対して、自分から視線を向けたり、声を出したりするなどの行動が見られる ※「誰に」「どんな様子で」を備考欄に記載		Y	N		Y	N		Y	N	
	6	人見知りをする	遠：対11M MⅡ：コ7〜9M	Y	N		Y	N		Y	N	
備考												
気持ちの共有	7	教師や友達と一緒に心地よい活動に一定時間取り組める		Y	N		Y	N		Y	N	
	8	「楽しい」「かなしい」「困った」時などに、教師の顔を見る		Y	N		Y	N		Y	N	
	9	相手が見ているものや方向に視線を向ける		Y	N		Y	N		Y	N	
	10	教師や友達からのはたらきかけに応じた行動をとる ※「どんなはたらきかけ」に対して「どんな行動」があるのかを備考欄に記載		Y	N		Y	N		Y	N	
備考												
身近な人への要求	11	自分の要求を実現してくれる特定の教師に何らかの手段で要求を伝えることができる ※手を引く、指さしをする、声を出すなど個に応じた手段がある場合には備考欄に記載	S：身6M〜1Y11M MⅡ：コ10〜12M	Y	N		Y	N		Y	N	
備考												
感情の理解 感情の読み取り 行動の調整	12	今、どんな気持ちかを尋ねると答えることができる		Y	N		Y	N		Y	N	
	13	他者が喜んでいたり、楽しそうにしていたりするのを見て、一緒に喜んだり笑ったりする		Y	N		Y	N		Y	N	
	14	他者が悲しんでいたり、落ち込んだりしている時に、心配したり元気づけたりする		Y	N		Y	N		Y	N	
	15	相手の感情をよみとり、適切な態度をとる ※「どんな感情を」「どんな態度で」を備考欄に記載		Y	N		Y	N		Y	N	
	16	褒められたときや親切にしてもらった時、「嬉しい」「ありがとう」の表現ができる		Y	N		Y	N		Y	N	
	17	失敗した時には「ごめんなさい」が言える		Y	N		Y	N		Y	N	
	18	相手が嫌がったり、不快になったりするような行為をしない、もしくはしてもすぐに謝る		Y	N		Y	N		Y	N	
	19	自分と違う意見や助言などを受けた時、素直に受け入れることができる		Y	N		Y	N		Y	N	

				Y	N		Y	N			Y	N	
	20	相手が嫌がったり、不快になったりするような行為をしない、もしくはしてもすぐに謝る	S：自8Y6M～10Y5M	Y	N		Y	N			Y	N	
	21	相手が怒っていることを察知してそれに応じた行動をとる		Y	N		Y	N			Y	N	
	22	言葉を字義通りにではなく、相手の表情や声の抑揚、行動などからおおよそ相手の意図や感情を理解し、行動することができる		Y	N		Y	N			Y	N	
	23	その時の気分や感情に振り回されて、周りの人にあたりちらしたり、イライラしたりすることがない		Y	N		Y	N			Y	N	
備考													
自己理解	24	自分でできること、できそうなことには進んで取り組もうと努力する		Y	N		Y	N			Y	N	
	25	できそうなこと、難しいことを区別し、適切に他の人に援助求める		Y	N		Y	N			Y	N	
	26	自分のよさや長所について、話したり伝えたりする		Y	N		Y	N			Y	N	
	27	自分の苦手なことや短所について、話したり伝えたりする		Y	N		Y	N			Y	N	
	28	周りの人のよさや長所に気づき、話したり伝えたりする		Y	N		Y	N			Y	N	
備考													
集団活動への参加	29	集団活動に参加する時に、泣いたり嫌がったりせずに参加できる ※集団の大きさや構成、活動内容については備考欄に記載		Y	N		Y	N			Y	N	
	30	遊びや集団活動で友達の様子などに視線を向けるなどで関心を示す ※集団の大きさや構成、活動内容については備考欄に記載	S：集6M～1Y11M ポ：社～2Y	Y	N		Y	N			Y	N	
	31	遊びや集団活動に参加し、一緒に活動する ※集団の大きさや構成、活動内容については備考欄に記載	遠：対4Y8M ポ：社～5Y	Y	N		Y	N			Y	N	
備考													
集団に参加するための手順やきまり	32	集団活動の時、手順やきまりを守ることができる	遠：対4Y4M S：集3Y6M～4Y11M ポ：社4～5Y M：社37～48M	Y	N		Y	N			Y	N	
	33	集団活動でわからないことがある時に、自分なりの方法で聞いたり、情報を得たりすることができる		Y	N		Y	N			Y	N	
備考													

自立活動チェックリスト 《環境の把握》

指導事項	NO	チェック項目	諸検査等との関連	年 YorN	関	年 YorN	関	年 YorN	関
前庭覚	1	姿勢変換を極端に嫌がることはない		Y N		Y N		Y N	
	2	高所や不安定な場所を非常に好んだり、極端に嫌がったりすることはない		Y N		Y N		Y N	
	3	揺れや回転、速さなどの刺激の変化に対する反応を示す		Y N		Y N		Y N	
	4	揺れや回転、速さなどの刺激を非常に好んだり、極端に嫌がったりすることはない		Y N		Y N		Y N	
備考									
固有覚	5	筋肉や関節などの体から伝わってくる刺激を受けて何らかの反応を示す		Y N		Y N		Y N	
	6	筋肉や関節に適度な緊張を入れることができる		Y N		Y N		Y N	
	7	筋肉や関節の緊張を抜くことができる		Y N		Y N		Y N	
	8	指示通りや、自身がイメージした通りに体を動かすことができる		Y N		Y N		Y N	
備考									
触覚・触知覚 触覚の過敏性	9	手や顔、身体各部に人や物が触れると何らかの反応を示す	ポ：乳 遠：基3M	Y N		Y N		Y N	
	10	手や顔などを人に触れられても特に嫌がるようすはない ※特に嫌がる部位がある場合は備考へ		Y N		Y N		Y N	
	11	さまざまな素材に触れることができる		Y N		Y N		Y N	
	12	素材のちがいに気付く	ポ：認～1Y	Y N		Y N		Y N	
備考									
視覚・視知覚 視覚の過敏性	13	光に対して何らかの反応を示すなど、明暗の区別が可能である	ポ：乳 動：視	Y N		Y N		Y N	
	14	教室の電灯の下で眩しがることはない		Y N		Y N		Y N	
	15	視野狭窄や斜視など視野に問題がない		Y N		Y N		Y N	
	16	注視できる	ポ：乳 MⅡ：コ0～3M	Y N		Y N		Y N	
	17	追視できる ※左右、上下、斜め、回転などから可能なものを備考へ	ポ：乳、社～1Y、認～1Y MⅡ：コ0～3M	Y N		Y N		Y N	
備考									
聴覚・聴知覚 聴覚の過敏性	18	さまざまな音や声に対して反応を示す	ポ：乳 動：聴	Y N		Y N		Y N	
	19	大きな音や特定の音などに過度に驚いたり嫌がったりすることはない	MⅡ：コ0～3M	Y N		Y N		Y N	
	20	音や声の変化に対する反応を示す	動：聴	Y N		Y N		Y N	
	21	音や声のする方向に視線や顔を向ける	ポ：乳 MⅡ：コ0～3M	Y N		Y N		Y N	
備考									
味覚 口腔内の過敏性	22	さまざまな味覚刺激に対する反応を示す		Y N		Y N		Y N	
	23	極度の偏食がみられたり、限られた味や食感の物ばかりを食べたりすることはない		Y N		Y N		Y N	
	24	歯磨きを極端に嫌がることはない		Y N		Y N		Y N	

				Y	N		Y	N		Y	N	
備考												
嗅覚	25	さまざまな嗅覚刺激に対する反応を示す		Y	N		Y	N		Y	N	
嗅覚の過敏性	26	わずかなにおいに反応しすぎたり、特定の香りを嫌がったりする様子は見られない		Y	N		Y	N		Y	N	
備考												
注意の集中	27	いろいろな視覚刺激の中から目的のものを見ることができる		Y	N		Y	N		Y	N	
	28	いろいろな聴覚刺激の中から目的の音や話を聞くことができる		Y	N		Y	N		Y	N	
備考												
ボディイメージ	29	触れられたり動かされたりした部位を動かすことができる		Y	N		Y	N		Y	N	
運動企画	30	身体部位の他動的な動きを再現できる		Y	N		Y	N		Y	N	
	31	簡単な動作の模倣ができる	遠：対10M S：集6M〜1Y11M ポ：言〜1Y、社〜1Y、 　　身〜2Y、運〜1Y M：姿37〜48M	Y	N		Y	N		Y	N	
	32	主要な身体各部位の名称を言ったり、その箇所を触れたりすることができる	ポ：言〜2Y、認〜4Y M：受19〜36M、田〜2Y	Y	N		Y	N		Y	N	
	33	「目の下に鼻がある」など、身体各部位の位置関係がわかる	ポ：〜6Y	Y	N		Y	N		Y	N	
	34	障害物をくぐったり、わたったり、またいだりすることができる		Y	N		Y	N		Y	N	
	35	椅子や手すりなどの位置に合わせて、手足を適切な位置に動かしたり、姿勢を調節したりすることができる		Y	N		Y	N		Y	N	
備考												
目と手の協応動作	36	提示された物に手を伸ばすことができる	遠：手6M ポ：社〜1Y、身〜1Y、 　　運〜1Y MⅡ：操0〜3M	Y	N		Y	N		Y	N	
	37	つかんだ物を握ったまま動かすことができる	遠：基9M S：身6M〜1Y11M ポ：社〜1Y、認〜1Y MⅡ：操7〜9M	Y	N		Y	N		Y	N	
	38	ゆっくりと動く物をつかむことができる	MⅡ：操4〜6M	Y	N		Y	N		Y	N	
	39	容器の中などで握ったものを容器の外に出すことができる	遠：手1Y2M ポ：認〜2Y	Y	N		Y	N		Y	N	
	40	握った物を容器や穴の中に入れることができる	ポ：認〜2Y	Y	N		Y	N		Y	N	
	41	ペグなどを引き抜くことができる		Y	N		Y	N		Y	N	
	42	ペグなどを差し込むことができる		Y	N		Y	N		Y	N	
	43	型はめパズルなどで型はめができる		Y	N		Y	N		Y	N	
	44	ブロックを組み合わせたり、ペンのふたをはめたりすることができる		Y	N		Y	N		Y	N	
	45	紐通しができる	田：〜3Y	Y	N		Y	N		Y	N	
備考												

両側統合・	46	身体の正中線を越えて手足を使うことができる		Y	N		Y	N		Y	N	
ラテラリティ	47	両手で同じ動きをすることができる	MⅡ：操7〜9M	Y	N		Y	N		Y	N	
位置や空間	48	利き手がはっきりしている		Y	N		Y	N		Y	N	
の把握	49	左右の手でちがう動きをすることができる	MⅡ：操7〜9M	Y	N		Y	N		Y	N	
	50	自分の身体を中心とした上下・左右・前後がわかる	遠：言4Y8M	Y	N		Y	N		Y	N	
	51	ある物の上下・左右・前後・内外がわかる	遠：言4Y8M ポ：身〜3Y	Y	N		Y	N		Y	N	
	52	二つ以上の物の上下・左右・前後・内外がわかる	遠：言4Y8M	Y	N		Y	N		Y	N	
	53	障害物をよけるなど自分と対象物との距離感を的確に把握できる		Y	N		Y	N		Y	N	

備考

全体-部分関係の知覚	54	分割された形や絵を構成することができる	田：〜2Y W：組合せ 積木模様	Y	N		Y	N		Y	N	
	55	具体物や形などの一部分を見てそのものが何であるかがわかる		Y	N		Y	N		Y	N	

備考

マッチング	56	いろいろな色の中から見本と同じものを選ぶことができる	ポ：乳　　田：〜2Y M：受19〜36M	Y	N		Y	N		Y	N	
	57	いろいろな形の中から見本と同じものを選ぶことができる		Y	N		Y	N		Y	N	
	58	色の名称を聞いてその色を選ぶことができる	遠：言2Y11M	Y	N		Y	N		Y	N	
	59	形の名称を聞いてその形を選ぶことができる		Y	N		Y	N		Y	N	
	60	提示された実物と同じ実物を選ぶ	ポ：認〜3Y	Y	N		Y	N		Y	N	
	61	提示された絵（写真）と同じ絵（写真）を選ぶことができる	ポ：認〜3Y	Y	N		Y	N		Y	N	
	62	実物と絵（写真）を合わせることができる	ポ：認〜3Y	Y	N		Y	N		Y	N	

備考

仲間集め	63	大小の違いがわかる ※どういう状況であればわかるのかを備考へ	遠：言2Y6M　田：〜2Y ポ：認〜4Y M：受19〜36M	Y	N		Y	N		Y	N	
	64	多少の違いがわかる ※どういう状況であればわかるのかを備考へ	ポ：認〜3Y	Y	N		Y	N		Y	N	
	65	長短の違いがわかる ※どういう状況であればわかるのかを備考へ	遠：言2Y9M　ポ：認〜4Y M：受19〜36M	Y	N		Y	N		Y	N	
	66	高低の違いがわかる ※どういう状況であればわかるのかを備考へ	遠：言3Y4M ポ：認〜4Y	Y	N		Y	N		Y	N	
	67	軽重の違いがわかる ※どういう状況であればわかるのかを備考へ	ポ：認〜5Y M：受37〜48M	Y	N		Y	N		Y	N	
	68	厚薄の違いがわかる ※どういう状況であればわかるのかを備考へ		Y	N		Y	N		Y	N	
	69	温冷の違いがわかる ※どういう状況であればわかるのかを備考へ		Y	N		Y	N		Y	N	
	70	簡単な用途の違いがわかる ※どういう状況であればわかるのかを備考へ	遠：言4Y　田：〜3Y ポ：言〜5Y	Y	N		Y	N		Y	N	
	71	数種類のものが複数個ある中から一つの条件（色、形、大きさ）のものに着目して同じものをすべて集めることができる	ポ：言〜5Y	Y	N		Y	N		Y	N	
	72	数種類のものが複数個ある中から二つの条件（色、形、大きさ）のものに着目して同じものをすべて集めることができる	ポ：言〜5Y	Y	N		Y	N		Y	N	
	73	数種類のものが複数個ある中から同じ用途や性質のものをすべて集めることができる	ポ：言〜5Y、認〜5Y	Y	N		Y	N		Y	N	

備考											

時間の把握	74	活動の「はじめ」と「終わり」がわかる		Y	N		Y	N		Y	N
	75	時間の長さに応じて行動することができる		Y	N		Y	N		Y	N
	76	朝・昼・夜の区別がつく		Y	N		Y	N		Y	N
	77	昨日・今日・明日の区別がつく	ポ：言～4Y M：表61～72M	Y	N		Y	N		Y	N
	78	曜日の順序がわかる	M：表61～72M 田：～2Y	Y	N		Y	N		Y	N
	79	過去・現在・未来の区別がつく		Y	N		Y	N		Y	N
	80	時間の流れに沿って話したり、活動したりすることができる	ポ：言～4Y、認～5Y W：絵画配列	Y	N		Y	N		Y	N

備考											

記憶	81	目の前で隠された物を捜し出すことができる	ポ：認～1Y　田：～1Y MⅡ：コ7～9M	Y	N		Y	N		Y	N
	82	直前に見たものを覚え、その通りに書き写したり、行動したりする	田：～3Y W：符号　記号探し	Y	N		Y	N		Y	N
	83	直前に聞いた指示を覚えて行動したり、話の内容に応じて受け答えたりすることができる	田：3Y～4Y W：算数　数唱	Y	N		Y	N		Y	N
	84	頻繁に忘れ物をしたり、約束を忘れたりすることがない	ポ：認～5Y	Y	N		Y	N		Y	N

備考											

認知の特性 への対応 得意な認知 の方法の活用	85	似た文字や単語でも正しく読むことができる		Y	N		Y	N		Y	N
	86	とばし読みをせずに文章を読むことができる		Y	N		Y	N		Y	N
	87	表やグラフ、目盛りなどを正しく読み取ることができる		Y	N		Y	N		Y	N
	88	見本通りに文字を書くことができる ※鏡文字や線の抜け落ちなど正しく書けない場合は備考へ		Y	N		Y	N		Y	N
	89	決められた枠の大きさに応じて文字を書くことができる		Y	N		Y	N		Y	N

備考											

自立活動チェックリスト **《身体の動き》**

指導事項	No	チェック項目	諸検査等との関連	年		年		年	
				YorN	関	YorN	関	YorN	関
原始姿勢反射 不適切な筋緊張	1	傾きに対して頭部の立ち直りが見られる ※顕著な様子や状態を備考へ	MⅡ：姿0〜3M	Y　N		Y　N		Y　N	
	2	日常的に筋緊張が強い様子は見られない ※顕著な様子や状態を備考へ		Y　N		Y　N		Y　N	
	3	日常的に筋緊張が低い様子は見られない ※顕著な様子や状態を備考へ		Y　N		Y　N		Y　N	
備考									
頭部の動き	4	呼びかけや好きな玩具に対して、仰臥位で頭を左右に動かすことができる　※左右差がある場合には備考欄に記載	遠：移1M MⅡ：姿4〜6M	Y　N		Y　N		Y　N	
	5	仰臥位から両手を持って引き起こすと頭部がついてくる	遠：移3M MⅡ：姿4〜6M	Y　N		Y　N		Y　N	
備考									
頭部の動き 肘立て伏臥位 腕立て伏臥位 臥位のための 補助具の活用	6	伏臥位で頭を左右に動かすことができる ※左右差がある場合には備考欄に記載	MⅡ：姿0〜3M	Y　N		Y　N		Y　N	
	7	肘立て伏臥位をとらせると頭を起こすことができる	遠：移2M MⅡ：姿0〜3M	Y　N		Y　N		Y　N	
	8	三角マットやロールなどの援助を受けて肘立て伏臥位をとることができる		Y　N		Y　N		Y　N	
	9	援助を受けずに肘で体重を支えながら頭部と体幹を一瞬でも持ち上げることができる		Y　N		Y　N		Y　N	
	10	肘で体重を支え、頭部と体幹を持ち上げておきながら、絵本や画面を見ることができる		Y　N		Y　N		Y　N	
	11	肘立て伏臥位で前後左右の傾きに対して立ち直りができる		Y　N		Y　N		Y　N	
	12	一方の肘で体重を支えながら、もう一方の手で何かに手を伸ばしたり、玩具で遊んだりできる		Y　N		Y　N		Y　N	
	13	援助を受けながら腕を伸ばして手で体重を支えることができる		Y　N		Y　N		Y　N	
	14	援助を受けずに腕を伸ばして頭部と体幹を一瞬でも持ち上げることができる		Y　N		Y　N		Y　N	
	15	腕を伸ばして手で体重を支えて頭部と体幹を持ち上げておくことができる		Y　N		Y　N		Y　N	
	16	腕立て伏臥位で前後左右への傾きに対して立ち直りができる	遠：移7M	Y　N		Y　N		Y　N	
備考									
頭部の動き 座位 上肢を使った 諸動作 座位のための 補助具の活用	17	座位で頭部を一瞬でも起こすことができる ※座位をとることのできる補助具があれば備考欄に記載	MⅡ：姿4〜6M	Y　N		Y　N		Y　N	
	18	座位で頭部を数秒間起こしていることができる	遠：移4M MⅡ：姿4〜6M	Y　N		Y　N		Y　N	
	19	座位での頭部の前後左右への立ち直りができる	MⅡ：姿4〜6M	Y　N		Y　N		Y　N	
	20	頭部・体幹・腰を援助すればまっすぐな座位がとれる	MⅡ：姿4〜6M	Y　N		Y　N		Y　N	
	21	体幹・腰を援助すればまっすぐな座位がとれる	MⅡ：姿4〜6M	Y　N		Y　N		Y　N	
	22	腰を援助すればまっすぐな座位がとれる ※床座位と腰掛け座位で違いがあれば備考欄に記載	MⅡ：姿4〜6M	Y　N		Y　N		Y　N	
	23	不安定だが何とか一人で数秒程度なら座れる ※床座位と腰掛け座位で違いがあれば備考欄に記載	MⅡ：姿4〜6M	Y　N		Y　N		Y　N	

				Y	N		Y	N		Y	N	
	24	一人で数十秒程度座っていることができる ※床座位と腰掛け座位で違いがあれば備考欄に記載	遠：移8M MⅡ：姿4〜6M	Y	N		Y	N		Y	N	
	25	一人で座位を数分間以上保持できる ※床座位と腰掛け座位で違いがあれば備考欄に記載	MⅡ：姿7〜9M	Y	N		Y	N		Y	N	
	26	前後左右の傾きに対して身体の立ち直りができる ※床座位と腰掛け座位で違いがあれば備考欄に記載	MⅡ：姿7〜9M	Y	N		Y	N		Y	N	
	27	座ったままで片手をつきながら前後・左右・上下のものに触れることができる ※床座位と腰掛け座位で違いがあれば備考欄に記載	MⅡ：姿7〜9M	Y	N		Y	N		Y	N	
備考												
四つ這い位	28	ロールや援助者の大腿部などを腹の下に入れる援助を受けて四つ這い位をとることができる		Y	N		Y	N		Y	N	
	29	股関節を曲げる援助を受けて四つ這い位をとることができる		Y	N		Y	N		Y	N	
	30	腕を伸ばす援助を受けて四つ這い位をとることができる		Y	N		Y	N		Y	N	
	31	援助を受けずに、腕を伸ばし、股・膝を曲げて、手と膝で体重を一瞬でも支えることができる	MⅡ：姿7〜9M	Y	N		Y	N		Y	N	
	32	腕を伸ばし、股・膝を曲げて、手と膝で十数秒程度体重を支えておくことができる	MⅡ：姿7〜9M	Y	N		Y	N		Y	N	
	33	前後左右の傾きに対してバランスを保つことができる		Y	N		Y	N		Y	N	
	34	片手と両脚、両手と片脚の3点で体重を支えることができる		Y	N		Y	N		Y	N	
備考												
膝立ち位	35	体幹・腰・膝を援助すれば膝立ち位がとれる		Y	N		Y	N		Y	N	
	36	腰・膝を援助すれば膝立ち位がとれる	MⅡ：姿10〜12M	Y	N		Y	N		Y	N	
	37	膝を援助すれば膝立ち位がとれる		Y	N		Y	N		Y	N	
	38	何かにつかまって一人で膝立ち位がとれる	MⅡ：姿10〜12M	Y	N		Y	N		Y	N	
	39	不安定だが何とか一人で数秒程度なら膝立ち位がとれる		Y	N		Y	N		Y	N	
	40	一人で数十秒程度膝立ち位がとれる		Y	N		Y	N		Y	N	
	41	前後左右の傾きに対して身体の立ち直りができる		Y	N		Y	N		Y	N	
	42	膝立ち位のままで前後・左右・上下のものに触れることができる		Y	N		Y	N		Y	N	
	43	一人で膝立ち歩きで移動できる		Y	N		Y	N		Y	N	
	44	腰・膝・脚を援助すれば片膝立ち位をとることができる		Y	N		Y	N		Y	N	
	45	膝・脚を援助すれば片膝立ち位をとることができる		Y	N		Y	N		Y	N	
	46	何かにつかまったり、寄りかかったりして片膝立ち位がとれる ※可能なものを〇で囲む（人の手 ・手すり ・机 ・壁）	MⅡ：姿10〜12M	Y	N		Y	N		Y	N	
	47	不安定だが何とか一人で数秒程度なら片膝立ち位がとれる	MⅡ：姿10〜12M	Y	N		Y	N		Y	N	
備考												
立位 立位のための 補助具の活用	48	立位台などによって、頭部・体幹・腰・膝・足底への援助があれば立位がとれる		Y	N		Y	N		Y	N	
	49	体幹・腰・膝・足底への援助で立位がとれる		Y	N		Y	N		Y	N	
	50	腰・膝・足底への援助で立位がとれる	MⅡ：姿10〜12M	Y	N		Y	N		Y	N	
	51	膝・足底への援助で立位がとれる		Y	N		Y	N		Y	N	
	52	腕への援助のみで立位がとれる	遠：移8M	Y	N		Y	N		Y	N	
	53	何かにつかまったり、寄りかかったりして立位がとれる ※可能なものを〇で囲む（人の手 ・ 手すり ・ 机 ・ 壁）	MⅡ：姿10〜12M	Y	N		Y	N		Y	N	
	54	不安定だが何とか一人で数秒程度立位がとれる	MⅡ：姿10〜12M	Y	N		Y	N		Y	N	
	55	一人で数十秒立位をとっていることができる		Y	N		Y	N		Y	N	
	56	一人で立位を数分間以上保持できる		Y	N		Y	N		Y	N	

				Y	N		Y	N		Y	N	
	57	前後左右への傾きに対して身体の立ち直りができる		Y	N		Y	N		Y	N	
	58	立位のままで前後・左右・上下のものに触れることができる		Y	N		Y	N		Y	N	
備考												
姿勢変換 床での移動	59	仰臥位～側臥位へ姿勢変換できる	MⅡ：移4～6M	Y	N		Y	N		Y	N	
	60	側臥位～伏臥位へ姿勢変換できる	遠：移5M	Y	N		Y	N		Y	N	
	61	伏臥位～側臥位へ姿勢変換できる		Y	N		Y	N		Y	N	
	62	側臥位～仰臥位へ姿勢変換できる		Y	N		Y	N		Y	N	
	63	仰臥位～伏臥位への一連の動作ができる	MⅡ：移4～6M	Y	N		Y	N		Y	N	
	64	伏臥位～仰臥位への一連の動作ができる		Y	N		Y	N		Y	N	
	65	仰（伏）臥位～伏（仰）臥位～仰（伏）臥位への一連の動作ができる	遠：移6M	Y	N		Y	N		Y	N	
	66	寝返りながら1～2M移動できる	S：移～1Y11M	Y	N		Y	N		Y	N	
	67	仰臥位～座位へ姿勢変換できる		Y	N		Y	N		Y	N	
	68	伏臥位～座位へ姿勢変換できる		Y	N		Y	N		Y	N	
	69	座位～臥位へ姿勢変換できる		Y	N		Y	N		Y	N	
	70	一人で尻這い移動できる		Y	N		Y	N		Y	N	
	71	一人で腹這い移動できる	MⅡ：移7～9M	Y	N		Y	N		Y	N	
	72	一人で肘這い移動できる	MⅡ：移7～9M	Y	N		Y	N		Y	N	
	73	一人で四つ這い移動ができる	MⅡ：移7～9M	Y	N		Y	N		Y	N	
	74	椅子座位～立位へ姿勢変換できる ※手を引くなどの援助を受けて可能な場合には、具体的なことを備考欄に記載	遠：移10M	Y	N		Y	N		Y	N	
	75	立位～椅子座位へ姿勢変換できる ※手を引くなどの援助を受けて可能な場合には、具体的なことを備考欄に記載	MⅡ：姿13～18M	Y	N		Y	N		Y	N	
	76	床座位～立位へ姿勢変換できる ※手を引くなどの援助を受けて可能な場合には、具体的なことを備考欄に記載	遠：移12M	Y	N		Y	N		Y	N	
	77	立位～床座位へ姿勢変換できる ※手を引くなどの援助を受けて可能な場合には、具体的なことを備考欄に記載	MⅡ：姿13～18M	Y	N		Y	N		Y	N	
備考												
歩行 移動のための 用具の活用	78	杖、ウォーカーなどの補助用具を使って歩くことができる ※可能な補助用具を備考欄に記載		Y	N		Y	N		Y	N	
	79	手すりを伝って歩くことができる ※具体的に伝い歩きが可能な距離を備考欄に記載	遠：移11M MⅡ：姿10～12M	Y	N		Y	N		Y	N	
	80	身体を支える援助があれば歩くことができる ※支える位置や援助している部位を備考欄に記載	MⅡ：姿10～12M	Y	N		Y	N		Y	N	
	81	手を引く援助があれば歩くことができる		Y	N		Y	N		Y	N	
	82	2、3歩ならば一人で歩くことができる	遠：移動運動1Y2M MⅡ：姿13～18M	Y	N		Y	N		Y	N	
	83	一人で数メートル歩くことができる	S：移～1Y11M	Y	N		Y	N		Y	N	
	84	平地を一人で安定して歩くことができる	S：移～1Y11M	Y	N		Y	N		Y	N	
	85	凸凹面や傾斜面で安定して歩くことができる	S：移～3Y5M	Y	N		Y	N		Y	N	
	86	階段昇りが安定してできる ※手すりなどの使用が必要な場合には備考欄に記載	遠：移2Y6M S：移～3Y5M	Y	N		Y	N		Y	N	
	87	階段降りが安定してできる ※手すりなどの使用が必要な場合には備考欄に記載	S：移～3Y5M	Y	N		Y	N		Y	N	
	88	走ることができる	MⅡ：移19～36M	Y	N		Y	N		Y	N	
	89	何かにつかまったり、寄りかかったりして片脚を2、3秒あげることができる		Y	N		Y	N		Y	N	

				Y	N		Y	N		Y	N	
		※可能なものを〇で囲む　（人の手 ・ 手すり ・ 机 ・ 壁）										
	90	何かにつかまったり、寄りかかったりして片脚で立った状態で前後に重心移動ができる ※可能なものを〇で囲む　（人の手 ・ 手すり ・ 机 ・ 壁）		Y	N		Y	N		Y	N	
	91	何かにつかまったり、寄りかかったりして片方の足を前に踏み出すことができる ※可能なものを〇で囲む　（人の手 ・ 手すり ・ 机 ・ 壁）		Y	N		Y	N		Y	N	
	92	一人で片脚を2、3秒あげることができる	遠：移3Y MⅡ：姿37〜48M	Y	N		Y	N		Y	N	
	93	一人で片脚で立った状態で前後に重心移動ができる		Y	N		Y	N		Y	N	
	94	一人で片方の足を前に踏み出すことができる		Y	N		Y	N		Y	N	

備考

移動のための 用具の活用	95	車椅子をこいで移動できる		Y	N		Y	N		Y	N	
	96	電動車椅子で移動できる		Y	N		Y	N		Y	N	

備考

上肢を使った 諸動作 手指を使った 諸動作 書字・描画動作	97	手を握ったり、開いたりできる	MⅡ：操0〜3M	Y	N		Y	N		Y	N	
	98	物を握ることができる（3秒程度）	遠：手5M S：身6M〜1Y11M MⅡ：操0〜3M	Y	N		Y	N		Y	N	
	99	握った物を離すことができる	MⅡ：操0〜3M	Y	N		Y	N		Y	N	
	100	肘の曲げ伸ばしがスムーズにできる		Y	N		Y	N		Y	N	
	101	腕を肩より上にスムーズに上げることができる		Y	N		Y	N		Y	N	
	102	正中線を越えて腕をスムーズに伸ばすことができる		Y	N		Y	N		Y	N	
	103	両手でバレーボールなどを抱きかかえることができる	MⅡ：操4〜6M	Y	N		Y	N		Y	N	
	104	片手から片手へ物を持ち替えることができる	遠：手7M　ポ：認〜1Y MⅡ：操7〜9M	Y	N		Y	N		Y	N	
	105	小さな積み木などを片手で積み重ねることができる	遠：手1Y3M MⅡ：操10〜12M	Y	N		Y	N		Y	N	
	106	両手で箱などを積み重ねることができる		Y	N		Y	N		Y	N	
	107	握ったり持ったりしている物を転がしたり、投げたりすることができる	遠：手11M ポ：社〜1Y MⅡ：操10〜12M	Y	N		Y	N		Y	N	
	108	型はめパズルなどで型めができる		Y	N		Y	N		Y	N	
	109	ねじ込み式のおもちゃなどをねじることができる		Y	N		Y	N		Y	N	
	110	容器に入った砂や水などをかきまわすことができる		Y	N		Y	N		Y	N	
	111	シャベルなどを使って、すくったり掘ったりする		Y	N		Y	N		Y	N	
	112	はさみを使って切る	遠：手2Y11M M：技37〜48M	Y	N		Y	N		Y	N	

備考

下肢を使った 諸動作	113	股・膝・足首を協調して動かして下肢の屈伸動作ができる		Y	N		Y	N		Y	N	
	114	ボールなどを蹴ることができる ※蹴ることが可能な姿勢を備考欄に記載	遠：移2Y	Y	N		Y	N		Y	N	
	115	自転車などのペダルをこぐことができる	M：技37〜48M	Y	N		Y	N		Y	N	

備考

				Y	N		Y	N		Y	N	
食事動作	116	手づかみで物を食べることができる	遠：基6M	Y	N		Y	N		Y	N	
食事のための	117	スプーンをひっくり返さないで口へ持っていくことができる	M：技37〜48M	Y	N		Y	N		Y	N	
補助具の活用	118	スプーンで食べ物をすくうことができる	S：身6M〜1Y11M 遠：基1Y	Y	N		Y	N		Y	N	
	119	フォークで刺して物を食べることができる	S：身6M〜1Y11M	Y	N		Y	N		Y	N	
	120	箸でつまんで物を食べることができる	S：身2Y〜3Y5M	Y	N		Y	N		Y	N	
	121	スプーンや箸を持っている反対の手で食器を持って食べることができる	遠：基2Y6M	Y	N		Y	N		Y	N	
備考												
排泄動作	122	車椅子などから便器に乗り移る	遠：基2Y3M	Y	N		Y	N		Y	N	
排泄のための	123	便座に腰をおろしたり、便器の前に立ったりできる		Y	N		Y	N		Y	N	
補助具の活用	124	ズボンやパンツの上げ下ろしを便器の前でできる		Y	N		Y	N		Y	N	
	125	便器のまわりや衣服を汚さないように排泄できる		Y	N		Y	N		Y	N	
	126	排泄後、紙で拭くことができる	S：身3Y6M〜4Y11M M：技49〜60M	Y	N		Y	N		Y	N	
	127	排泄後、水を流すことができる		Y	N		Y	N		Y	N	
	128	便器の前から車椅子などに乗り移ることができる		Y	N		Y	N		Y	N	
備考												
更衣動作	129	かぶり型の服を脱ぐことができる	遠：基3Y S：身2Y〜3Y5M	Y	N		Y	N		Y	N	
	130	かぶり型の服を着ることができる	S：身2Y〜3Y5M	Y	N		Y	N		Y	N	
	131	ボタンのとめはずしができる	遠：手3Y4M	Y	N		Y	N		Y	N	
	132	ボタン、ファスナー操作を含む前開き型の服の着脱ができる	遠：手3Y4M	Y	N		Y	N		Y	N	
	133	ボタン、ファスナー操作を含むズボンの着脱ができる	S：身3Y6M〜4Y11M	Y	N		Y	N		Y	N	
	134	靴下の着脱ができる		Y	N		Y	N		Y	N	
	135	ひもなし靴の着脱ができる	遠：基2Y9M S：身2Y〜3Y5M	Y	N		Y	N		Y	N	
	136	服装を整えることができる	遠：基4Y8M	Y	N		Y	N		Y	N	
備考												
手洗い・洗面・	137	手を洗うことができる ※必要な援助があれば備考欄に記載	S：身2Y〜3Y5M	Y	N		Y	N		Y	N	
歯磨き・入浴	138	顔を洗うことができる ※必要な援助があれば備考欄に記載	S：身3Y6M〜4Y11M M：37〜48M	Y	N		Y	N		Y	N	
動作	139	歯磨きをすることができる ※必要な援助があれば備考欄に記載		Y	N		Y	N		Y	N	
	140	お風呂で体を洗うことができる ※必要な援助があれば備考欄に記載	S：身3Y6M〜4Y11M	Y	N		Y	N		Y	N	
	141	髪を洗うことができる ※必要な援助があれば備考欄に記載	S：身6Y6M〜8Y5M	Y	N		Y	N		Y	N	
備考												

自立活動チェックリスト 《コミュニケーション》

指導事項	No	チェック項目	諸検査等との関連	年			年			年		
				YorN		関	YorN		関	YorN		関
情動の表出		人間関係の形成〈人への関心〉を参照										
	1	他者とのやりとりの中でも表情や身振りなどで変化を表す ※具体的な変化の様子を備考欄に記載	遠：対9M	Y	N		Y	N		Y	N	
備考												
意思の表出		人間関係の形成〈身近な人への要求〉参照										
	2	話し言葉で伝えることができる ※個に応じた手段がある場合には備考欄に記載	遠：発2Y3M ポ：社〜4Y M：対〜48M	Y	N		Y	N		Y	N	
	3	慣れた場面であれば、気持ちや考えなどを伝えることができる		Y	N		Y	N		Y	N	
	4	どんな場面や状況であっても、気持ちや考えなどを伝えることができる		Y	N		Y	N		Y	N	
	5	言葉の意味や正しい用法を理解して、場に応じた言葉遣いができる		Y	N		Y	N		Y	N	
備考												
機器の活用	6	一つのスイッチのVOCAなどを使って、意思を伝えることができる		Y	N		Y	N		Y	N	
	7	複数のスイッチのあるVOCAなどを活用して、適切な箇所を押しながら意思を伝えることができる		Y	N		Y	N		Y	N	
備考												
構音器官の働き 呼吸の調整	8	口唇に問題がない　※問題の具体的な内容を備考欄へ		Y	N		Y	N		Y	N	
	9	顎に問題がない　※問題の具体的な内容を備考欄へ		Y	N		Y	N		Y	N	
	10	口蓋に問題がない　※問題の具体的な内容を備考欄へ		Y	N		Y	N		Y	N	
	11	頬の動かし方に問題がない ※問題の具体的な内容を備考欄へ		Y	N		Y	N		Y	N	
	12	舌に問題がない　※問題の具体的な内容を備考欄へ		Y	N		Y	N		Y	N	
	13	歯に問題がない　※問題の具体的な内容を備考欄へ		Y	N		Y	N		Y	N	
	14	うがいができる　※以下のあてはまる方を○で囲む （がらがらうがい ・ ぐちゅぐちゅうがい）		Y	N		Y	N		Y	N	
	15	強く一気に吹くことができる		Y	N		Y	N		Y	N	
	16	腹式呼吸ができる		Y	N		Y	N		Y	N	
	17	静かに持続して吹くことができる		Y	N		Y	N		Y	N	
備考												
発声 発音	18	声を出すことができる ― 音量・明瞭さなどは不問	遠：発3M MⅡ：コ10〜12M	Y	N		Y	N		Y	N	
	19	喃語（意味のとれない音声の連鎖）をさかんに言う	遠：発10M MⅡ：コ7〜9M	Y	N		Y	N		Y	N	
	20	身近な人の簡単な音声を模倣することができる	遠：発11M MⅡ：コ10〜12M	Y	N		Y	N		Y	N	
	21	区切って一つ一つの単音を明瞭にいえる		Y	N		Y	N		Y	N	
	22	単語をいえる	遠：発1Y	Y	N		Y	N		Y	N	
	23	楽に声を出したり、話したりできる		Y	N		Y	N		Y	N	
	24	音が省略されたり、歪んだりすることがない		Y	N		Y	N		Y	N	
	25	明瞭で聞き取りやすい		Y	N		Y	N		Y	N	
	26	極端に速かったり、遅かったりした話し方にはならない		Y	N		Y	N		Y	N	
	27	長い文章を息継ぎをしながら話をしたり、声に出して読んだりできる		Y	N		Y	N		Y	N	

備考										

言葉の表出 言葉による表現 文の習得	28	「ブーブー」「マンマ」「ワンワン」など、意味のある言葉を3語言える	遠：発1Y3M S：意～1Y11M MⅡ：コ13～18M	Y	N		Y	N		Y	N
	29	「車」「ごはん」「犬」など、幼児語ではなく正しい単語で表現ができる	S：意～3Y5M	Y	N		Y	N		Y	N
	30	2～3語文での表現ができる	遠：発2Y　田：2Y～ S：意2Y～3Y5M	Y	N		Y	N		Y	N
	31	文章化して会話ができる	S：意2Y～3Y5M	Y	N		Y	N		Y	N

備考										

相互関係 指さしの理解 身振りやサインの理解 身振りやサインの活用 絵やシンボルの活用 文字の活用	32	提示された絵や写真に注目することができる		Y	N		Y	N		Y	N
	33	指さしたものやその方向を見ることができる		Y	N		Y	N		Y	N
	34	身体の一部に触れるなど何らかの合図に応じて行動することができる		Y	N		Y	N		Y	N
	35	身振りやマカトンサイン、手話、絵（写真）カードなどの意味を理解しそれに応じた行動をすることができる ※具体的な方法は備考へ	MⅡ：言受7～12M	Y	N		Y	N		Y	N
	36	平仮名文字をいくつか読むことができる		Y	N		Y	N		Y	N
	37	平仮名文字をいくつか読むことができる　※以下のあてはまる方を〇で囲んだり数字を書き込んだりする （　指さし　・　音読　）（　　語　・　全部　）		Y	N		Y	N		Y	N
	38	片仮名文字をいくつか読むことができる　※以下のあてはまる方を〇で囲んだり数字を書き込んだりする （　指さし　・　音読　）（　　語　・　全部　）		Y	N		Y	N		Y	N
	39	数字をいくつか読むことができる　※以下のあてはまる方を〇で囲んだり数字を書き込んだりする （　指さし　・　音読　）（　　語　）		Y	N		Y	N		Y	N
	40	桁数の多い数を読むことができる ※可能な桁数を書き込む（　　桁　）		Y	N		Y	N		Y	N
	41	自分の名前の漢字や小１程度の漢字を読むことができる		Y	N		Y	N		Y	N
	42	メモを読んで意味を理解しそれに応じた行動をすることができる		Y	N		Y	N		Y	N

備考										

言葉の理解	43	自分の名前を呼ばれたことに対して反応や返事ができる ※具体的な反応の様子を備考欄に記載	S：意6M～1Y11M MⅡ：言受7～12M	Y	N		Y	N		Y	N
	44	身近な人の名前や総称（お母さん、弟、先生など）がわかる		Y	N		Y	N		Y	N
	45	「だめ」など禁止の言葉がわかる	遠：言1Y MⅡ：コ7～9M	Y	N		Y	N		Y	N
	46	動きを表す言葉（おいで、ちょうだい、立つよetc）が3語わかる	MⅡ：コ10～12M	Y	N		Y	N		Y	N
	47	「ボールとって」など2つの単語の入っている要求や指示に従う	S：意6M～1Y11M	Y	N		Y	N		Y	N
	48	身近な具体物（コップ、いす、ボールなど）の名前が5個以上わかる	田：2Y～3Y	Y	N		Y	N		Y	N
	49	様子や状態を表す言葉（きれい、暑い、大きいなど）がわかる	遠：発2Y3M	Y	N		Y	N		Y	N
	50	時間を表す言葉（はじめ、おしまい、あとでなど）がわかる	S：自2Y～3Y5M	Y	N		Y	N		Y	N
	51	気持ちを表す言葉（嬉しい、悲しい、怖いなど）がわかる		Y	N		Y	N		Y	N

備考										

状況に応じたコミュニケーション	52	相手の年齢や立場に応じてそれにふさわしい行動や言葉づかいをする	S：意8Y6M～10Y5M	Y	N		Y	N		Y	N
	53	相手の気持ちを考えてそれに応じた行動や言葉づかいをする	S：意8Y6M～10Y5M	Y	N		Y	N		Y	N
	54	状況や場に応じた行動や言葉づかいをする		Y	N		Y	N		Y	N

備考										

■資料３　長崎県立諫早特別支援学校 個別の指導計画

目標設定シート

学部・学年	部　　年	氏名		記入者	

諸検査の結果と解釈

諸検査、自立活動チェックリスト、各教科における学習上の困難などを踏まえた課題関連図
原因 ──▶ 結果の関係　　◀──▶ 相互に関連し合う関係

課題関連から考えられる指導の方向性

今年度の自立活動の目標

自立活動の個別の指導計画

学年 （　　　　） 　児童生徒氏名 （　　　　　） 　記入者 （　　　　　　　）

年間目標						
目標達成に必要な項目	健康の保持	心理的な安定	人間関係の形成	環境の把握	身体の動き	コミュニケーション
学習の要素						

	学期目標	学習内容	具体的な指導内容	評　価
1学期				
	達成度			
2学期				
	達成度			
3学期				
	達成度			

【達成度とその目安】
1　目標再検討（〜3割未満）　　　　2　手立て（かかわり方や教材教具、環境設定等）の見直し（3〜6割未満）
3　次の目標を視野に（6〜8割未満）　　4　次の目標へ（8割以上）

| 学年 | 児童生徒名　諌早　諌太 | 記入者名　諌早　次郎 |

＜申し送り＞　※共通理解しておくべきことや配慮すべきこと等について、児童生徒の実態に応じて記載する。（自立活動の評価と重複することは記載しない。）

項目例
＜健康面＞
＜医療的ケア＞
＜心理面＞
＜身体面＞
＜人との関わり＞
＜生活面＞
＜補装具等＞
＜家庭との連携＞

＜次年度の目標＞　※年間目標に対する評価や申し送りを受けて、次年度の目標（案）を記載する。

執筆者一覧 ─────────────────────────────

古川　勝也　西九州大学子ども学部子ども学科教授
　　　　　　（第1章第1節、第4章第3節）

分藤　賢之　長崎県教育庁特別支援教育課課長
　　　　　　（第1章第2節）

一木　　薫　福岡教育大学教育学部特別支援教育ユニット教授
　　　　　　（第1章第3節，第2章第3節，第4章第1節・第2節1・第4節，コラム）

宮尾　尚樹　長崎県立諫早特別支援学校主幹教諭
　　　　　　（第2章第1節，第3章 実践事例，第4章第3節）

廣瀬雅次郎　長崎県教育庁特別支援教育課指導主事
　　　　　　（第2章第2節，第3章 実践事例）

岡田　健治　長崎県教育センター主任指導主事
　　　　　　（第4章第2節2）

■第3章　実践事例の執筆担当

木下裕一郎　長崎県教育庁高校教育課管理主事
西村　大介　長崎県立諫早特別支援学校教諭
宮崎　智美　長崎県立鶴南特別支援学校主幹教諭
相良知恵子　長崎県立佐世保特別支援学校教諭
宮川　　明　長崎県立佐世保特別支援学校教諭
相川　久雄　長崎県立長崎特別支援学校教諭
亀田　雅宏　長崎県立佐世保特別支援学校主幹教諭
菅原　仁志　長崎県立島原特別支援学校教諭
立岡　里香　長崎大学教育学部附属特別支援学校主幹教諭
山田豊美香　長崎県立諫早特別支援学校教諭
立岡　哲弥　長崎県立虹の原特別支援学校教諭
山下　優香　長崎県立桜が丘特別支援学校教諭

※執筆者の所属等は、2020年3月現在

編者略歴 ···

古川　勝也（ふるかわ　かつや）

西九州大学子ども学部子ども学科教授

長崎県立諫早養護学校教諭、長崎県教育庁指導主事、文部科学省初等中等教育局特別支援教育課特殊教育調査官（肢体不自由担当）、長崎県教育庁特別支援教育室長、長崎県立諫早特別支援学校長、長崎県教育センター所長と 38 年間勤務し、2016 年より現職。専門は肢体不自由教育。

著書として、編著『医療的ケアへの対応実践ハンドブック』（2007、全国心身障害児福祉財団）、共著『自立活動における個別の指導計画の理念と実践』（2001、川島書店）、共著『自立活動指導ハンドブック』（2002、全国心身障害児福祉財団）、共著『肢体不自由教育の基本とその展開』（2007、慶應義塾大学出版会）、共著『よくわかる肢体不自由教育』（2015、ミネルヴァ書房）、共著『新重複障害教育実践ハンドブック』（2015、全国心身障害児福祉財団）などがある。

一木　薫（いちき　かおる）

福岡教育大学教育学部特別支援教育ユニット教授

博士（障害科学）。筑波大学附属桐が丘特別支援学校教諭等を経て、現職。専門は肢体不自由教育。主な研究テーマは、障害のある子どもの学習評価、特別支援学校におけるカリキュラムマネジメント、自立活動の指導に関する現職研修の在り方など。

著書として、共著『肢体不自由教育の理念と実践』（2008、ジアース教育新社）、共著『専門性向上につなげる授業の評価・改善』（2009、慶應義塾大学出版会）、共著『障害の重い子どもの目標設定ガイド』（2014、慶應義塾大学出版会）、共著『よくわかる肢体不自由教育』（2015、ミネルヴァ書房）、共著『新重複障害教育実践ハンドブック』（2015、全国心身障害児福祉財団）などがある。

自立活動の理念と実践 ［改訂版］

実態把握から指導目標・内容の設定に至るプロセス

2020 年 7 月 3 日　初版第 1 刷発行
2021 年 3 月 6 日　初版第 2 刷発行
2022 年 3 月 6 日　初版第 3 刷発行
2023 年 8 月 26 日　初版第 4 刷発行

■編　　著　古川　勝也・一木　薫
■発 行 人　加藤　勝博
■発 行 所　株式会社ジアース教育新社
　　　　　　〒 101-0054　東京都千代田区神田錦町 1-23　宗保第 2 ビル
　　　　　　TEL：03-5282-7183　FAX：03-5282-7892
　　　　　　E-mail：info@kyoikushinsha.co.jp
　　　　　　URL：https//www.kyoikushinsha.co.jp/

■表紙デザイン・DTP　株式会社彩流工房
■印刷・製本　三美印刷株式会社
Printed in Japan
ISBN978-4-86371-550-9
定価は表紙に表示してあります。
乱丁・落丁はお取り替えいたします。（禁無断転載）